LEDIO ALBANI
HALTUNGEN

CASTRVM

Das Symbol auf der Titelseite zeigt eine korinthische Säule.

1. Auflage

Printed in Vienna, Austria
ISBN 978-3-200-07473-6

INHALT

PHILOSOPHISCHE TALFAHRTEN

1.
Erste Tat

Jede Tragödie beginnt mit einer tiefen Liebe für die Realität, mit einer Leidenschaft für das Leben, mit einer Hingabe an die eigene Existenz.

2.

Unsagbares

In einem Universum unterschiedlicher und unzähliger Haltungen schwinden alle Kategorien, alle Merkmale. Es hat keine Bedeutung, ob wir Wille, Macht, Schönheit sagen. Es hat keine Bedeutung, welchen Haltungen wir unsre Gedanken und unser Handeln unterwerfen.

Im Ganzen müsste man aber zu bedenken geben, auch diese Feststellung für nicht allzu wichtig zu nehmen.

3.

Sinnhaftigkeit

Das Endziel jeder Sache: auf ein Nichts zu kommen, auf einen Bereich, wo sich die Fragen erübrigen und sich alles auflöst. Ja selbst in den gewaltigen Diskursen der Akademien und in den Gewissheiten der Wissenschaft kann die Lösung nur lauten: Aufgabe, Verlust, bahnbrechende Irrationalität.

4.

Prima philosophia

Der archimedische Punkt aller Philosophie ist die Absurdität der Existenz. Hier beginnt und endet jegliches Denken. Die Absurdität ist selbst Mutter der Logik. Es gibt nur absurde Logik. Dies alles bedenkend, kann man durchaus sagen, dass Folgerichtigkeit in der Philosophie wie auch in der Welt schon ein Indiz der Verwerflichkeit ist.

5.
Existenz als Irrtum

Von welchem Standpunkt aus man auch philosophieren mag und zu welcher Haltung man am Ende auch gelangt ist, die Irrtümlichkeit der Welt ist das Festeste und Sicherste dessen man gewahr werden kann, das Fundament jeder weiteren Überlegung und Feststellung.
Alle Lebensphilosophie hat an diesem Punkte zu beginnen. Er ist gleichsam der Urknall des menschlichen Bewusstseins, von Bewusstsein überhaupt.

6.
Verwerflichkeit von Gedanken

Jeder Gedanke ist ein Attentat auf die Wirklichkeit der Dinge. Man stelle sich einmal vor, was da ein sogenanntes Gedankengerüst oder ein philosophisches System bedeutet.

7.
Das Erste und das Letzte

Müsste ich nicht eigentlich, sobald ich im Begriffe bin etwas zu tun, etwas in Angriff zu nehmen, fragen: was bringt es? Welchen Sinn hat es? Zu welchem Zwecke? Und es gleich lassen, sobald es nicht aufs Letzte hinabzielet.

Das ist die immer wiederkehrende, tief verkehrte Einschätzung aller Generationen. Es tut eine Philosophie und eine geistige Haltung Not, welche mit dieser Erst- und Letztkoketterie ein für alle Mal aufräumt.

8.
Wesen der Haltungen

Die Unterschiede in den Haltungen rühren vom Maße der Verachtung des eignen Schicksals her.

9.
Diogenes von Sinope

Man glaubt unter den Menschen, es spiele in der Tat eine Rolle, ob einer die großen Fragen der Menschheit im Geiste wetzt oder ob er sich kauernd und gedankenlos auf den Boden wirft, nichts tuend wie Diogenes in der Tonne. Wie sehr man doch die lebendige Kraft der Apathie verkennt und wie sehr die Originalität der Nichtstuer.

10.
Positionelles

Mag wohl stimmen, dass es recht unmöglich ist, jeglicher Haltung vollkommen auszuweichen. Immerhin zeugt es aber von Edelmut, es dennoch unentwegt zu versuchen.

11.
Wiedererinnerung

Der Sinn eines Augenblicks erschöpft sich vollkommen nur in der Wiedererinnerung.

12.
Existenz und Tod

Das ist nicht nur physisch, Bewegung und Stagnation. Der Mensch pendelt unaufhörlich zwischen den beiden, ohne dass er je zum extremen Punkt gelangte, wie auf einem Trapez, wo links die Hölle und rechts der Himmel ist.

13.
Der Frevel in der Zahl

Der Unterschied von eins und tausend ist so abstrakt, so formelhaft und unwirklich, dass dessen Bedeutung nur für die Mathematik von Belang ist. Was macht es schließlich, ob ein Tag vergeht oder tausend; was liegt daran, ob man ein Wort schreibt oder tausend, ob man Tausende tötet oder sich allein.
Am Ende steht der Mensch doch wieder vor einem Universum an Unendlichkeit, in dem Sinn und Bedeutung am allerwenigsten mit der Anzahl zu tun haben.

14.
Die Rede

Der Wert einer Diskussion geht nicht aus ihrem Inhalt hervor oder gar aus den Lösungen, welche sie zutage fördert, sondern aus der Art und Weise, aus den Manieren, mit dem wir menschliche Ahnungslosigkeit zu verdecken imstande sind. Der begnadete Redner sei auch stets ein begnadeter Betrüger und der Betrüger stets auch ein großer Schweigender.

15.
Sagbares

Wo nicht alles gesagt werden kann, dort herrsche das Schweigen. Liebesworte sind das einzig sinnvoll Sagbare, da sie noch im Mangel den Anschein von diesem „alles“ in sich bergen.

16.
Faulheit

Welche Kraft der Anschaulichkeit in diesem winzigen Worte steckt. So als führe mangelnde Bewegung geradewegs in die Verwesung, in einen Gärprozess, wo sich zersetzende Kräfte winden.
Da ist es kein Wunder, dass solch eine Sprache, welche im Stillstand den Tod sieht, mit einem Bewegungsneurotiker wie Nietzsche aufwarten musste.

17.
Philosophie auf dem Sterbebett

Die Philosophie ist das letzte Zucken des sterbenden Geistes.

18.
Sieg und Verlust

Zuweilen ist das Ergebnis einer Niederlage weit erträglicher als das eines Sieges. So gibt es etwa keine Verlierer in Begriffsschlachten, sondern nur wahnsinnig gewordene Sieger.

19.

Anarchia

Ich halte noch in meiner größten und erhabensten Stunde fest an der unzerstörbaren, tiefvollendeten und eisernen Form der Anarchie.

20.

Schmerzen

Von der Begierde zur Lust ist es ein längerer Weg als von der Lust zum Schmerz.

21.

Das Andere

Die Gegenwart von Dingen hat keinerlei Wert. Ihre Abstinenz macht sie erst zur Unumgänglichkeit. Es müsste sich auch herausstellen, dass nur fehlende Dinge Wirklichkeit und Existenz besitzen.

22.

Das Café und das Himmelreich der Aufklärung

Es hat etwas Beruhigendes, plaudernde Menschen zu beobachten, man ist gleichsam von dem Druck befreit, Individuum zu sein. Im Café ahnt man am eindringlichsten um die volonté générale. Das Café ist das Himmelreich der Aufklärung.

23.

Das getrübte Gewissen

Man glaube nicht an solcherlei Irrtümer wie Gewissenlosigkeit; am Ende bleibt man doch stets Opfer seiner Haltungen. Am ehesten ließe sich der Zustand der Gewissenlosigkeit aber noch durch eine Art von Gewissensferne erreichen, einen Zustand getrübten Gewissens.

24.

Unerschütterliches

Wenn es etwas gibt, worüber ich niemals zweifle, so ist es die Unerschütterlichkeit der mathematischen Gesetze, die Unerschütterlichkeit meines Geistes sie zu begreifen und die Unerschütterlichkeit meines Begreifens. Am Ende bin ich geneigt zu sagen: Woran ich niemals zweifle, dass ist eine Art von Unerschütterlichkeit selbst.

25.

Systeme

Freiheit ist keine Haltung, sondern der Kampf gegen Haltungen.

26.

Pakt mit dem Teufel

Ohne moralischen Irrsinn geht die Welt zugrunde. Es waren nicht selten gerade jene amoralischen Kräfte, welche ihren Untergang verhindert haben.

Nicht dass dies ein allzu großes Übel wäre, doch ist's gewiss nicht in der Intention der Moralischen, wenn's geschähe. So bleibt der Moral wohl nichts anderes übrig als eben dieser Pakt.

27.
Bedeutungslosigkeit

Wie unbedeutend mir die fünf Milliarden Jahre, seitdem es die Erde gibt, im Vergleich zu meinen zwanzig erscheinen. Und wie unbedeutend mir mein Begriff von der Bedeutung erscheint im Hinblick auf diese Definition.

28.
Das Maß aller Dinge

Nichts überdauert den Menschen. Sollte er irgendwann nicht mehr sein, so schwindet auch das Schwinden von Sein und Nichtsein. Vielleicht, dass dann ein winziger Hauch von Nichts übrig bleibt. Das ist dann aber gewiss keine menschliche Angelegenheit mehr.

29.
Die Philosophie und der Wassertropfen

Dass Tropfen von dem Chrysanthemenstrauch, der sich in der Nacht im ersten Regenschauer weit und schwer gebogen hat, fallen, ist das nicht weit wichtiger und des Aufschreibens werter als die Dauer von drei Jahrtausenden, in denen der Mensch sich in gewaltigen Fragen und Problemen gequält?

30.

Überzeugungen

Eine Überzeugung, die nicht in ihrem Innersten von der Vergeblichkeit ihrer Begriffe und von der Unvernunft ihrer Genese überzeugt ist, kann nichts anderes als flach sein.

31.

Diskursiv

Der Philosophie droht mehr Gefahr durch die Totalität von Diskursen und Einvernehmlichkeiten als durch schlichte, auferzwungene Ideologien.

32.

Wesen des Philosophen

Die Wissenschaft lebt von der Illusion. Der Philosoph ist der einzige Wissenschaftler, dem es nicht erlaubt ist, sich falsche Vorstellungen zu machen. Sein Betätigungsfeld ist ausnahmslos die Realität.

33.

Letzte Haltung

Der Sinn einer Sache, ganz unabhängig von allem Vorangehenden, ist stets die letzte Tat und Haltung. Im Ganzen also kein sonderlich wünschenswertes Ziel, denn auf diese Weise ist es möglich, dass einmal noch das ganze Welttreiben Sinn bekommt.

34.

Pythagoreisches Abendland

Das pythagoreische Element war für die abendländische Philosophie von einer solchen Bedeutung, dass wir uns heute eher Pythagoräer nennen könnten als Christen.

Dem Europäer ist alles Zahl und Wert; seine Tugenden, seine Gedanken, sein Dasein selbst ist an Zahlen gebunden; daran, ob etwas lang oder kurz geht, daran, ob etwas mehr oder weniger Bedeutung hat.

Dieses Mehr-oder-Weniger ist aber zur gleichen Zeit sein Fluch und Untergang. Was sich in Mehr oder Weniger teilen lässt, ist zumeist ganz ohne Bedeutung. Doch ist am Ende auch das Absolute vielleicht nichts weiter als ein Mehr-oder-Weniger?

35.

Schweigen und sprechen

An den Diskursen einer Epoche ersehen wir deren Abgründe und Verliese. Man redet nämlich stets nur vom Niedrigen. Das Hohe kann nur erschwiegen werden.

36.

Seiltänzer-Philosophie

Der Weg in die Einsamkeiten ist dem Manne nie versperrt. Noch auf dem Marktplatz vermag er auf diesen Pfaden zu wandeln. Einmal sah ich einen solchen Mann sich durch und mit der Menge bewegen. Vor lauter Eigenwilligkeit war er kaum zu sehen.

37.

Asketische Tugenden

Seit Menschengedenken predigen die Weisen aller Völker Armut und Bedürfnislosigkeit. Dieser ganzen Armee von Weisheit nicht zuzustimmen, erschiene mir als regelrechter Unsinn, mithin aber gerade jener Punkt, der erst die Notwendigkeit dieses Credos erkennen lässt.

38.

Der Geist, der stets verneint

Wie viele haben es nicht schon versucht, durch absolute Verneinung und eine Antiphilosophie sich der Originalität zu nähern. Auch die großen Geister der stetigen Verneinung sollten, dies bedenkend, darauf achten, nicht zu sehr auf ihren Gegenpositionen zu beharren.

39.

Sein und Zeit

Der Mensch ist der allmächtige Stifter von Sein und Zeit.

40.

Infinitum

Ein Irrglaube ist's, dass die Zeit bei vielen unterschiedlichen Taten und Unternehmungen schnell vergeht und dass sie im Gegenteil dazu bei einer einzigen langwierigen und monotonen Tat lang wirkt und so, als verginge sie nie. Als Kind war ich von dem Wunsch beseelt, der Zeit damit ein Schnippchen zu schlagen, dass ich so viele Dinge tue, dass sie vor Unendlichkeit zerberstet.

41.
Kampf gegen die Zeit

Ich träumte einst davon, mich schwer zu wappnen in einem wilden Kampf gegen die Zeit. Zu mehr als einem bedrohlichen und mehrere Monate dauernden Auge um Auge konnte ich es jedoch nicht bringen.

42.
Philosophischer Werdegang

Mit der Philosophie ist es seit jeher ein leichtes Stück. Den einfachen Weg zu ihr findet jeder, der sich über sein Los zu beklagen versteht. Sie ist das Beichtorgan der Menschheit.

43.
Übergang und Todesstunde

Die philosophische Haltung des Weisen tendiert weder zum Alpha noch zum Omega, sondern versucht jenen Moment zu erahnen, wo das eine dran ist zu sterben und das andere, seine ganze Kraft zu entfalten.

Beim Menschen ist dies einzig in unmittelbarer Umgebung des Todes möglich, weshalb es klug ist, dessen Gegenwart auch so oft als möglich zu suchen. Was kann das aber anderes sein: „Gegenwart des Todes“, als unauflöslicher Wunsch zu existieren.

44.

Anarchie und Ästhetizismus

Anarchie ist eine Frage des Geschmacks, nicht der Moral. Sobald das Zweite nämlich zutrifft, haben wir es mit nichts weniger zu tun als dem Vorläufer einer alles ergreifenden Ordnung.

45.

Zeitgenössischer Sophismus

Der Schein einer Sache ist alles, das Wesen nur immer wandelbar. Ein Sophist, wer die Schläge des Vaters mehr liebt als die Küsse des Feindes.

46.

Philosophia perennis et universalis

Eine Philosophie, die sich mit den letzten Dingen beschäftigt, hat auch am Ende aller Beschäftigungen zu stehen.

47.

Philosophischer Weg

Wenn man die Ratschläge aller großen Philosophen liest, keinen von ihnen beherzigt, mit jeder Geste versucht, die eigne Abneigung dagegen auszudrücken, ja gerade dann und nur dann befindet man sich auf den besten philosophischen Pfaden.

48.

Skeptizismus

Die großen Erotiker der Geschichte, das sind stets auch die großen Skeptiker. Jedes Zweifeln ist am Ende doch nichts anderes als unerfüllte Liebe.

49.

Nirwana

Die Tränen und Schmerzen des Unbemerkten und Abseitigen sind die unsichtbare Brücke ins Nirwana.

50.

Der Geist, der stets verneint

Zuletzt muss man doch verneinen, es geht nicht anders.

51.

Rechtfertigung

Sich zu rechtfertigen heißt ausnahmslos, den falschen Weg einzuschlagen.

52.

Wesenhaftes

An einer Sache zweifeln oder sich seinem Wesen nähern; man ist in *der* Sache nur dann wahrlich drin, die man vor lauter Betrug und Unverständnis kaum zu überblicken vermag.

53.

Auf dem Sterbebett

Wo find ich meine Haltung am besten als auf dem Sterbebett und welche Idee ist zwingender als jene letzte, mit der sich der Geist umnachtet. Ich glaube an die Nacht des Geistes, an seinen nüchternen Untergang. So will ich oft und unendlich leben, um nur auch oft und unendlich zu sterben.

54.

Krankheit

Es steht ja außer Frage, dass hohes und höchstes Leben nur aus der Reinheit des Blutes entwachsen kann. Allein man wird einwenden, dass ja gerade diese Verfeinerung und Überspitzung aller Sitten und Gewohnheiten doch zu Krankheit und Verfall führten. Jedoch, ist dies nicht die Weihe jeden hohen Lebens und jeder hohen und höchsten Gesinnung? Man glaube nicht, dass etwa die Götter ohne Krankheiten auskämen. Wehe auch dem Zeitalter, welches darauf aus ist, die Krankheiten zu besiegen, und wehe dem Zeitalter, wo es die Krankheit nicht mehr gibt.

55.

Gewissheit der Hoffnung

Hoffnung ist die zaghaft unterlegene Erwartung von Notwendigkeit. Eine erhabene Mischung ist das Hoffen auf das Unverdiente und auf das Zufällige.

56.
Vom Tode ereilt

Es ist nicht das Sterben, wovor wir uns bei dem Selbstmord fürchten, sondern diese gewichtige Aufgabe selbst zu übernehmen. Im Grunde wünscht sich ein jeder, im Krieg zu fallen oder im Kampfe mit wilden Tieren.

57.
Zivilisatorisch

Wenn ich's richtig betrachte, so gibt es für eine Zivilisation ein einziges Charakteristikum: den „kaltblütigen" Selbstmord. Solange man sich darauf versteht, wandelt man auf den sicheren Beinen des Lebens und der Lebendigkeit. Dieses zu verlernen bedeutet mithin den langsamen Niedergang, den Verfall in Zeiten der Barbarei.

58.
Krankheit zum Tode

Eine Krankheit zum Tode zu besiegen, heißt nicht, sich ihrer mit Hilfe der Medizin zu entledigen und weiterhin sein Tagewerk zu verrichten. Dies wäre weit mehr ein Waffenstillstand, ein sanftes Auseinandergehen zwischen Körper und Krankheit. Das medizinische Handwerk ist denn immer eines der Waffenstillstände.

Hingegen der Sieg über die Krankheit, das ist Vernichtung des Körpers durch den Geist.

59.

Krankheit und Wissenschaft

Krankheit und Wissenschaft beruhen auf demselben Prinzip der Kleinlichkeit. In beiden ist alle Größe auf unendlich feine Mechanismen abstrahiert, in beiden fehlt der Blick für das Umfassende gänzlich. Man muss gesunden vor der Krankheit, vor der Wissenschaft.

60.

Der große Neid

Was den Tod auf eine Weise schrecklich macht, ist nicht die Last des Verschwindens und sich Auflösens, nicht die Tatsache, dass der harte Eisblock, den wir Körper, Bewusstsein, Wesen, Wirklichkeit und Haltung nennen, zu tauen und zu schmelzen beginnt, sondern dass damit nicht auch alles andere, was sich hienieden befindet, ebenso verschwindet und stirbt, ebenso im Augenblicke unseres Sterbens vergeht und verwelkt. Wie unbedeutend würde uns unser Tod erscheinen und wie wenig des Fürchtens wert, wenn im selben Augenblicke da er eintritt und uns fortreißt und mit sich nimmt, auch alles andere objektiv verginge und stürbe.

So liegen wir aber da in unsern letzten Atemzügen und sind erfüllt von der grausamen Gewissheit, dass es noch Leben und Lebende geben wird, nachdem wir den letzten leisen Pfad gegangen und dass es Leben noch geben wird, wenn keine Spur mehr von einem selbst übrig geblieben ist.

61.

Tod und Einsamkeit

Der Tod erscheint so weit entfernt mit einem Mal und doch näher als er je gewesen. Je einsamer man wird, desto mehr entfernt man sich vom Tode. In unsren Einsamkeiten leben wir; der Mensch, er stirbt und vergeht auf dem Marktplatz.

62.

Opfer

Der Selbstmord ist dann zu rechtfertigen, wenn er von Lebensenthusiasmus getragen wird, wenn der letzte Augenblick gleichzeitig die höchste Blüte dieses scheidenden Menschenlebens darstellt. Deswegen muss er etwas Majestätisches, etwas streng Gebieterisches haben, dass sich auch der Tod davor beugt.

Eine große Begeisterung für die japanischen Rituale, die am allerwenigsten mit Selbstmord zu tun haben.

63.

Sehnsucht

Eine unstillbare Sehnsucht nach jeder gerade verstreichenden Sekunde. Manchmal erscheint es mir, als gehe es mit der Welt sekündlich hinab und zugrunde und als sei jeder kommende Augenblick aus einem bestimmten Grunde niedriger als der vorangegangene.

64.
Wiege des Handelns

Verändern, reformieren, beeinflussen wollen, das alles sind die reinsten Anzeichen tief empfundener und zurückgewiesener Liebe. Haltung heißt, Freund und Feind mit derselben Gleichgültigkeit zu behandeln. Ja, die Gleichgültigkeit hat ihren Ursprung in einer pathetisch empfundenen Humanität. Auf Meisterpfaden, gleichwohl, wandelt aber jener, der aus Gleichgültigkeit zu verändern vermag.

65.
Frage und Antwort

Warum leben wir? Worauf ist dieses Leben gestützt? Wohin gehen wir? Was ist unsre Bestimmung? Weit wichtiger scheint mir: Warum diese Fragen? Am Ende: auf die Antworten kommt es gar nicht an. Jede originäre philosophische Suche gelte noch unentdeckten Fragen.

66.
Lebenspläne

Sieben Tage ausgestreckt auf dem Fußboden liegen und zur Decke schauen, in vollständiger Apathie und Teilnahmslosigkeit. Kaum in der Lage, einen anderen Gedanken zu fassen als gerade diesen nächsten von einer gewaltigen Belanglosigkeit.

Hätte ich auch sieben Mal sieben Leben, was wäre schon anders? Am Ende läge ich immer noch kauernd auf dem Fußboden und wüsste nichts mit mir anzufangen oder doch so viel, dass dieser besinnungslose Blick mir allemal wichtiger erschiene als irgendeine hohe Tat.

67.

Aus schweren Stunden

Stunde um Stunde den voranschreitenden Uhrzeiger betrachtet. Was hat dieser mit meinem Tode zu tun? Man kann nicht anders, als den Erfinder dieses teuflischen Folterinstruments zu verfluchen.

68.

Heldentum

Heldentum ist nichts anderes als Leben im Angesicht des Lebens der anderen.

69.

Vae Victoris

Grausamer als jede Niederlage und jeder Verlust ist der Sieg und grausamer als das Leid des Sterbenden ist das Leid der Lebenden. So wandeln also die Sieger dieser Welt von Einsamkeit zu Einsamkeit. Eine furchtbare Niederlage ist es, zu siegen.

70.

Lebensbedingung

Nur eine Sekunde weniger als die Ewigkeit und alle Unternehmungen werden zu einer unerhörten Farce.
Man braucht für das Leben ganz unbedingt dauernde, unversiegliche, ewiggleiche Unsterblichkeit.

71.

Von Hass und Liebe

Der Unterschied zwischen Liebe und Hass ist der zwischen Stagnation und Bewegung.

Wenn man jemanden liebt, so harrt alles in diesem Zustand, das ganze Wesen ist Stagnation, Härte und Erstarrung, Unbeweglichkeit und der Wunsch, diesen Zustand in die Länge zu ziehen, ihn gar sich unendlich ausdehnen zu lassen. Im Hass ist alles Bewegung und Leben.

72.

Plebejer

Die meisten Menschen ahnen nicht einmal, wie unglücklich sie eigentlich sein müssten, wenn sie wüssten, dass sie im Leben sind; und die meisten Menschen schützt nicht mehr als das Unwissen und das Unvermögen vor dem Selbstmord.

73.

Logik des Körpers

Seit der Aufklärung ist man versucht, Gesundheit und Krankheit auf eine Dichotomie von Ordnung und Chaos zu beschränken. Unter gänzlich anderen Vorzeichen mag dies durchaus zutreffen. Es steckt in der Krankheit eine unermessliche Ordnung der Dinge. Gesundheit hingegen beruht immer auf Undurchschaubarkeiten, immer auf einem Chaos von Elementen, immer auf einem Mangel des Begreifens. Die Krankheit ist die inbegriffene Logik des Körpers.

74.

Vollkommenheit

Unglücklich machen uns nur vollkommene Dinge, sie lassen einen Geschmack von Ende und Verwesung zurück. So kann man denn nur hoffen, wir werden einmal auch im Tode mit allerlei Unvollkommenheiten geschlagen sein.

75.

Ort der Verzweiflung

Wer die Verzweiflung erfahren, der tritt aus dessen Marken nimmermehr aus eignem Willen hinaus, möge ihn auch die allergrößte Glückseligkeit erwarten.

76.

Leiden und Mode

Die Idee, ein andrer könnte ebenso wie ich leiden, macht mir meinen Zustand bis aufs Erbrechen widerwärtig. Es macht das Leiden so gänzlich unattraktiv.

77.

Hypochondrie

Vergangene Erlebnisse und Begebenheiten, Erinnerungen sind auf eine eigenartige Weise wie eine Krankheit.
Am Ende glaube ich doch, dass die Welt und das Leben auch nur eine unbekannte Krankheit sind und nichts weiter.

78.
Schmerz

Der Schmerz ist die erste Pforte, durch die alle Heroen schreiten.

79.
Leidenschaft und Stärke

Wie unrecht die Menschen haben, die Leidenschaft hochzupreisen und sie seelische Kraft zu nennen, ist sie doch nichts anderes als Ermangelung aller Kraft, als unumwundene Schwäche und Hilflosigkeit vor der Welt. Wie groß und heilig sind aber Schwäche und Hilflosigkeit vor der Welt und wie gering mutet da die Eitelkeit der Stärke an. Wenn der Mensch geboren wird, da ist er schwach und hilflos, und gerade in der Hilflosigkeit biegsam und veränderbar; da er aber älter wird und reift, erwacht in ihm die Stärke und die Kraft, und gerade darin seine Härte und seine Unerbittlichkeit, und wenn ein Baum seine Triebe zum ersten Mal erhebt, da sind die Äste zart und biegsam und streben nach allen Richtungen hin wie das Morgenlicht, da er aber weit hinanwächst, da erstarrt er, wird trocken und unbeweglich und stirbt endlich wie alles Harte und Unnachgiebige, denn Härte und Stärke sind Gefährten des Todes und Schwäche das immerwährende Blühen der Welt.

80.
Tat und Selbstmord

Manchmal erscheint es mir schwerer, nicht zu sein als ein Weltreich zu begründen. Welche Dummköpfe sprechen nur bei Selbstmördern von Lebensmüden. Für den Selbstmord braucht man die lebendigsten und unternehmungslustigsten Kräfte.

81.
Die Schönheit des Todes

Etwas, das nicht schön ist, hat nicht nur Mangel an Schönheit, sondern in gleichem Maße auch Mangel an Leben. So kommen wir denn zum Endlichen, zu sagen, dass der Tod schön und lebendig ist.

82.
Schmerzen und Leiden

Wenn man sich an Schmerzen gewöhnt hat, beginnt der Zustand außerhalb und fern davon zu einer unerträglichen Qual zu werden, man mag sich nichts Schöneres auf der Welt vorstellen, als bloß wieder Schmerz und Leid zu empfinden. Das Leben? Nichts anderes als ein allzu lieb gewonnener Schmerz.

83.
Regelmäßiger Lebenswandel

Nichts anderes als auch bloß ein geordneter Exzess.

84.

Die Fähigkeit zu leiden

Die Formen des Leidens sind so vielfältig und tausendfach, dass eine Benennung, Auflistung oder gar Definition derselben durch ein einziges Individuum gar nicht möglich ist, sondern ganz unbedingt einer ganzen Abteilung von Beamten bedarf. Was uns gleichzeitig auch zeigt, wo das Leiden seinen Platz hat.

85.

Absurditäten

Revolte ist die Auflehnung gegen die absurde Sinnhaftigkeit des Todes. Gründliche Revolte heiße ich aber einzig den Selbstmord, alles andere ist bloßes Gehabe.

86.

Bewusstsein

Wie oft habe ich mich in furchtbaren Krämpfen an meinem Bewusstsein gesträubt. Ich wünschte mir, bewusst zu werden, dass ich daran nicht wieder erkranke.

87.

Lebenslust

Die Liebe zum Leben lässt den Menschen die gleichen Albernheiten vollführen und die gleichen neurotischen Eigenschaften annehmen, wie sie dem heillos Verliebten nur eigen sein können.

88.

Selbstmord aus Lust

Der Selbstmörder hat keinen Sinn für das Tragische. Höchstens für die Lust.

89.

Menschenangst

Die heiligste Pflicht des Menschen ist nicht, die Furcht vor dem Tode zu verlieren. Dahin, dies lehrt uns schon Augustinus, wird er es doch nie bringen. Allein er kann wenigstens, um das Gleichgewicht zu wahren, versuchen, dem Tode selbst Angst zu machen.

90.

In der Nacht

Ich schlafe nicht, ich denke über das Schlafen nach.
Die Leiden des qualvoll Sterbenden sind auch nicht viel schlimmer als jene des Schlaflosen, wo ist da am Ende der Unterschied?

91.

Schlafen und sterben

Ich stelle den Wecker auf die Nachtstunden, damit ich das Gefühl des bevorstehenden Einschlafens mehrere Male verspüre. Könnte man nur Gleiches mit dem Tode vollbringen. Ich würde nur gern das Gefühl eines tausendfältigen Sterbens verspüren.

92.
Vor der Geburt

Wie schauderhaft es ist in einer frühen Winterstunde, wenn alles sonst von Dunkelheit umgeben ist, sich draußen in die Dunkelheit zu tragen.
Das hat etwas mit jener ersten Sekunde der Geburt zu tun und mit den Nachteilen des Geborenwerdens, über die ein Kind wissen muss. Die letzten Schlafesstunden erinnern uns zweifelsfrei an die unzähligen Nachteile des Lebens.

93.
Vollkommenheit im Fallen

Wie es das Schicksal einer jeden Blüte ist zu fallen und wie sie darin nur Vollkommenheit erreicht, so ist auch einzig ein fast nicht mehr lebender, ein sterbender Mensch, ein vollkommener Mensch und nur darin, was er sein kann.

94.
Schlafen im Tode

Schlafen, wär's nur ein Ziel, einfach zu schlafen und die Welt zu vergessen, alles vergessen und sterben. Das Schreckliche am Schlaf ist nicht das Schlafen selbst, sondern seine Erwartung. Gerade das Gegenteil des Todes.

95.
Lebens- und Todesstunden

Vivere tota vita discendum est et, quod magis fortasse miraberis, tota vita discendum est mori. So wie es den rechten und besten Augenblick zu leben gibt, so auch den besten und rechten zu sterben.

Wehe, wem die Stunde gekommen und er sie aus eigener oder fremder Schuld versäume.

96.

Tödlich

Man ist immer zur falschen Zeit geboren, so ist denn das Einzige, nicht auch zur falschen Zeit zu sterben.

97.

Mitleid

In der Humanität liegt eine solche Grausamkeit, eine solche Bluttat, dass sie unweigerlich in das Gemetzel des Mitleidens münden muss.

98.

Lebendigkeit und Lust

Lebendigkeit ist nur Augenblicke vor dem Sterben erfahrbar. Eine Ahnung davon wohl nur in ungehemmter Lust.

99.

Katharsis

Jeder große Augenblick beginnt und endet mit Schmerzen.

100.
Hehre Sommergedanken

Mein Ansinnen ist es, eine Art herauszufinden, wie ich zwar in diesem Leben bleibe, jedoch unentwegt mich verzehre nach dem Wunsche zu sterben. Das heißt Gefahr ohne eigentliche Gefahr, Tod im Leben.

101.
Dies und jenes und die Langeweile

Mancher tut in der Welt dies und jenes und wünscht sich, er lebe hundert und zweihundert Jahre. Auf dieses „dies und jenes" kommt es ja gerade an. Es gäbe weiß Gott viel mehr Selbstmörder, wenn man wüsste, dass man im Tode nicht nur tot ist, sondern auch dies und jenes.
Hieraus ersieht man aber wovor sich der Mensch am meisten fürchtet auf dieser Welt. Nicht etwa vor dem Tode selbst, sondern vor einer allzu ernst gemeinten Langeweile; und hierin ersieht man auch, dass das Heil des Menschen in einem schlichten Dies und Jenes liegt.

102.
Ewige Lebensstunden

Es ist kein allzu tragisches Ding, dass sich der Mensch sterblich wähnt. In den meisten Fällen können die sich vor dem Tode Fürchtenden beruhigt werden: in den erhabenen Genuss, sterblich zu sein, werden sie nicht in Ewigkeiten kommen.

103.

Über den Tod

Wie schwierig es ist Feinde zu finden und wie kostbar dahinan zu kommen. Wenn man nun aber darein stimmt, so ist es unredlich und feig, Feinde zu haben, ohne sie töten zu wollen. Dann doch lieber schweigen.
Wer nicht morden kann, der ist unfähig zur Feindschaft, und wer nicht morden will, der verdient es freilich nicht, gemordet zu werden und tot zu sein.

104.

Hierarchie der Empfindungen

Es gibt eine Hierarchie der Empfindungen. Man fühlt keinen Schmerz im Angesicht der Lust, keine Lust im Angesicht des Todes und nichts im Bewusstsein der eigenen Macht.

105.

Einhalt und Ordnung

Der Selbstmörder ist der wahre Ordnungsliebende und der Verächter aller Anarchie. Man hat seine Sachen wahrlich noch nicht in Ordnung gebracht, solange man nicht tot ist.

106.

Was tun?

Es liegt nicht an Unzulänglichkeiten, wenn man in diesem Universum von Haltungen nicht die rechte zu finden vermag. Im Gegenteil, die Wahl einer Haltung beruht immer auf einen Fehler. Am Ende müsste man fast sagen, der wahnsinnige Selbstmörder hat alles richtig gemacht. Doch glücklicherweise, es kommt ja darauf nicht an, wie aus diesen Sätzen ersichtlich wird.

107.
Der unsterbliche Mensch

Nur selten ist's, da verliert ein Mensch seine Unsterblichkeit. Das ist der Beginn von all den Dingen und all jenen Augenblicken, die wir als große Errungenschaften der Menschheit wahrnehmen.

108.
Der harmonische Mensch

Nicht durch Krankheit, Krieg und Versklavung, nicht durch Brand, Hunger und Elend, durch Hass und Gewalt, durch Mäßigung, durch Mitte; durch Mittelmaß droht dem Menschen die schlimmste Gefahr. Die Mäßigung liegt außerhalb aller menschlichen Harmonie. Die Mitte, das ist die Beschneidung und Unterdrückung des menschlichen Wesens, sein Extrem. Mittelmaß am Menschen heiße man Entartung.

109.
Zeit der Übel

Wir leben in dem Zeitalter mit den meisten bekannten Krankheiten, Erregern, Übeln, ja selbst der Höllenvater wird es schwer haben, seinen Klienten mit einem solchen

Vorrat an Geschmacklosigkeit und Ekel aufzuwarten, wie es das heutige Leben dies tut.

110.
Worte

Ich will ein sinnloses Wort finden, welches dauernd das meint, was es auch sagt, eine Universalvokabel, unveränderlich wie starrer Granit.
So droht mir aber unentwegt die Sprachlosigkeit in diesem Meer von stetig sich wandelnden Sinnworten.

VERSCHWÖRUNGEN

111.
Erfindung der Wahrheit

Es ist paradox von alten Wahrheiten zu sprechen. Die Wahrheit lebt und stirbt wie alles andre.

112.

Verschwörung

Endziel aller Logik kann es nur sein, zu beweisen, dass die Wahrheit etwas Nichtiges ist.

113.

Wahrheiten

Welche tausend Gefahren drohen dem Menschen durch die Wahrheit. An der Wahrheit leiden bedeutet keinen Geschmack zu haben.

114.

Funktion

Irrationalität ist nicht die Abwesenheit von Regeln, sondern ihre Überhöhung in etwas, was diese Regeln erst bedingt. Das Wesen der Logik manifestiert sich nicht in ihren Argumenten, sondern erst in dem, was man Funktion nennt.

115.

Tod der Logik

Oft habe ich mit mir gerungen, nicht niederzuschreiben, was ich denke, um so diesem Gedachten am ehesten gerecht zu werden, denn mir schien's immerwährend so, als sei in meinen Gedanken etwas, das gegen sich selbst revoltierte, sich unter einem gewaltigen Feuer selbst vertilgen wollte, ja gleichsam so, als wollten meine Gedanken Selbstmord begehen. Allein was heiße ich denn hier gedanklichen Selbstmord? Doch nichts anderes als eben den einer ihnen zugrundeliegenden Logik. Die Logik ist der Selbstmord der Vernunft.

116.
Zeichen und Symbole

Der Mensch stirbt in Fakten und lebt von Symbolen. Ein Faktum ist nichts anderes als der Mangel an Symbolen und folglich der Mangel an Leben.

117.
Verzweiflung

Verzweifelt zu sein, wie ließe sich das anders erklären als aus der Stärke. Die Verzweiflung ist ein Sich-Aufbäumen gegen das Selbst, ein Kampf bis aufs Blut gegen die Mechanik der eigenen Logik. Verzweiflung, das ist im ursprünglichsten Sinne die Seele des Sieges.

118.
Aberglauben

Wie jeder Aberglaube tötet auch die moderne Wissenschaft mit ihrer Geburt zuallererst die Kausalität.

119.

Alles zu seiner Zeit

Die Wissenschaft hat gewiss genügend Zeit gehabt, dies und jenes zu erklären. Sie hat sich das Recht auf weitere Erklärungen längst verwirkt.

120.

Was ist Irrationalismus?

Das Paradoxe an dieser Fragestellung ist, dass der Mangel an Ratio mitnichten zu einer gleichwie gearteten Irrationalität führt. Den Mangel an Rationalität könnten wir auf eine Weise Unsinn oder wenigstens Schwachsinn nennen, ohne ihn zu verfehlen. Irrationalismus hingegen, das ist die Übersteigerung aller Rationalität, die Quintessenz eines rationalen Gedankens und einer rationalen Tat. Es ist der beste Teil am Rationalen.

121.

Freie Meinungsäußerung

Es ist mindestens genauso totalitär, die freie Meinungsäußerung zu verbieten, als auch, wie in unserer Zeit, sie zu verordnen.

122.

Umdeutung der Revolution

Revolutionen kämpfen nicht gegen das Alte auf der Suche nach dem Neuen, sondern gegen das Neue auf der Suche nach dem Unbekannten.

123.

Der Olymp des Menschen

Eine Zivilisation steigt mit den Nichtstuern und fällt mit ihren fleißigen Gestaltern. Dies zeigt, wie wenig der Mensch für seine Höhenflüge verantwortlich ist.

124.

Puritaner

In Zeiten totaler und erzwungener Freiheit ist eigentliche Freiheit unnachgiebiger Puritanismus.

125.

Revolte und Auflehnung

Die Auflehnung ist das per se Sinnvolle. Weil sie nicht Antwort auf eine beliebige Frage darstellt, sondern triumphierend auf den absurden Trümmern von Haltungen steht.

126.

Menschliche Pflicht

Der Mensch soll in erster Linie Schöpfer von Problemen sein. Seine Lösungen entbehren zumeist eines wirklichen Interesses.

127.

Wesentliches

Sich in Widersprüchlichkeiten ergehen und nicht mehr zu dem halten, was man noch gestern für wesentlich erachtete, täglich seine Ansicht ändern, seine Vorliebe, seinen

Geschmack, seinen Glauben ... keinen Charakter haben, das ist es!

128.

Wissenschaftliche Genialität

Wer sagt, dass man keine Fantasie für die Wissenschaft braucht. Die Absurdität der Welt wird ja schon in ihrer Art und Weise deutlich, oder wie soll man es anders nennen, wenn sich eine blaue Kugel ununterbrochen stupide um eine gelbe dreht.

129.

Auf den Straßen

Die Grundpfeiler der menschlichen Existenz: Revolte und Auflehnung.

130.

Die Revolution als Ironie

Eine Revolution ist wie eine ironische Bemerkung auf einen Schwall von dogmatischem Pathos. Satiriker sind darum stets Revolutionäre. Dumm ist aber jener, der glaubt, eine Revolution habe Ernsthaftigkeit und Tugend vonnöten.

131.

Undialektisches

Es hilft nichts; wenn ich denke, komm ich auf den schlichten Punkt, dass die Geschichte nichts anderes ist als der Kampf um Ansichten und Haltungen, von denen jede seine Berechtigung besitzt. Und es hilft nichts; ich kann nicht umhin festzuhalten, dass dies alles unbedeutend ist.

132.
Blaues Band

Politische Agitation hat etwas von der ersten lind wehenden Vorfrühlingsluft. Frühling des Menschen, heißt töten seines Oberhaupts.

133.
Sieg und Niederlage

Nichts ist dem Leben hinderlicher als Siegen. Leben, das bedeutet, sich der Schönheit von Niederlagen bewusst zu werden.

134.
Logik des Krieges

Es gibt eine Ordnung des Schmerzes, eine gewaltige Seele des Krieges. Diese Schlachten lassen sich kaum mit herkömmlichen Mitteln schlagen, nicht mit dem Auge um Auge einer klaren Vernunft. Siegen heißt hier: in der Lage sein, sich aus dem Spiel zu nehmen.

135.
Hemophobie

Die Moderne ist bereit, höhere menschliche Leistung mit jedem physischen Bestandteil zu begründen mit Ausnahme des Blutes. Eine Gesellschaft von Anämikern und Hemophoben ist das.

136.

Über den Sieg

Neu und alt oder Triumph und Scheitern.

137.

Schönheit der Revolution

Die Hinrichtung Ludwig XVI. war grausam, ungerecht, unüberlegt und geschmacklos wie alles Schöne.

138.

Gegenteil aller Dinge

Das Gegenteil von Herrschaft ist nicht die Herrschaftslosigkeit, sondern blutiger, tierischer Kampf dagegen. Das Gegenteil von Krieg ist nicht Frieden, sondern blutiger, tierischer Kampf dagegen. So ließe sich die Reihe endlos fortführen, und am Ende, wo ist noch jenes Ding, dessen Gegenteil nicht ein allumfassender Krieg und Kampf dagegen wäre?

139.

Das Wesen der Freiheit

Mit der Wahrscheinlichkeit eines Sachverhalts steigt seine Notwendigkeit. Freiheit ist nicht mehr und nicht weniger als Unwahrscheinlichkeit.

140.

Vater aller Dinge

Friedenszeiten lassen den Frieden ganz und gar obsolet werden. Den Frieden verteidigen zu wollen, wie man heute nicht selten hört, das ist eine gründliche Albernheit. Der Friede lässt sich nicht verteidigen, er lässt sich wohl für einige seltene Augenblicke erzwingen, manchmal wohl auch ertöten. Er ist in allem aber so flüchtig wie der Tod selbst.

141.

Wesen der Geschichte

Universalgeschichte ist das Aufeinandertreffen einiger weniger Akteure und einer unvorstellbaren Masse an wiederverwertbarem Material.

142.

Herr und Diener

In der Geschichte kann es Herren und Diener geben oder aber nur Diener. Der Gedanke allseitiger Herrschaft ist ganz abwegig, oder wenn nicht ganz abwegig, am Ende doch nichts anderes als allseitige Versklavung vor dem Begriffe der Herrschaft und also wieder der Beginn dieser Geschichte: es gibt nur Herren und Diener oder jedoch nur Diener, ein Drittes ist undenkbar.

143.

Gegen die denkende Jugend

Zu den Vorzügen der Jugend gehört jenes, was man gemeinhin als dessen einzige Schwäche betrachtet. Sie gibt sich nicht dem Laster des Nachdenkens hin.

Für das Vordenken sei man wohl, das Nachdenken ist in jeder Hinsicht zweitrangig und Zeichen eines schwachen Geistes.

144.

Pflichten des Siegers

Die meisten Menschen beginnen erst in der tiefsten Stunde ihrer Scham und ihrer Niederlage, gerade wenn sie sich von aller Welt und von sich selber betrogen fühlen, zu hassen. Welch fahrlässiger und unbilliger Umgang mit einem solch edlen Gefühl das ist.
Den Hass spare man sich wie ein Heiligtum für die erhabensten und höchsten Augenblicke, für jene gerade, die mit Schwäche und Niederlage am allerwenigsten zu tun haben. Hass gebührt nur dem Sieger.

145.

Bellum omnium contra omnes

Im Kriege einzig verliert der Plebs seine Urbedeutung. Die Sinnlosigkeit seiner Existenz, schwindet in der Schlacht allein. Der Friede, das ist nur etwas für große, ungeborene Geister.

146.

Übertritt

Das Kind allein vermag sich außerhalb von Notwendigkeiten zu bewegen. Einmal erwachsen, bleibt einem nur der Schlaf. Oder jene anderen obskuren Betätigungen an der nebelumhüllten Grenze zwischen Selbstaufgabe und überragender Herrschaft.

147.

Allgemeinplätze

Gegen die Klassifizierungswut der zeitgenössischen Kritik und Wissenschaft hilft nur die Stilisierung und Heiligsprechung der Allgemeinplätze.

148.

Erste und letzte Revolution

Die erste von Menschen entfachte Revolution bestand in der Zähmung und Brauchbarmachung des Feuers. Seine letzte kann nur in der Auswilderung und Unbrauchbarmachung desselben bestehen.

149.

Schöpfer der Zivilisation

Der Barbar steht am Anfang, der Gebildete am Ende jeder Zivilisation.

150.

Schicksal der Völker

Den meisten Nationen ist es nicht gegeben zu sterben. Sie vergehen, verwelken, vermodern oder vernichten sich ganz in ihren eigenen Unzulänglichkeiten.

151.
Blut und Eisen

Erdachte Lösungen vermögen nur erdachte und eingebildete Probleme zu lösen. Auf Wesentliches vermag nur das Schwert zu antworten.

152.
Kampf und Schlacht

Die Geschichte lehrt uns, der Mensch kämpft und sprengt die Ketten der Beschränkung. Der Urmensch schlägt die erste aller Schlachten gegen das Feuer. Dann die unzähligen Schlachten gegen wilde Tiere, Krankheiten, Naturgewalten und Unterdrücker. Der Moderne endlich schlägt seine Schlacht gegen all die vorigen Schlachten.

153.
Die freie Presse

Die freie Presse ist das Folterinstrument des Demokraten, darauf er aus seinen Gegnern teuflische Geständnisse erpresst.

154.
Fundamentale Demokratie

Schon in den ersten Stunden des Menschen gab es Herrschaft und Hierarchie. Zunächst jene des körperlich Stärksten, ferner des Älteren, des Klügeren, des Reicheren oder desjenigen, der mit den Göttern im Bunde zu stehen vorgab. In jedem dieser Fälle nahm ein jeder den ihm nach seinen Fähigkeiten zugewiesenen Platz ein. In den letzten

Jahrhunderten hat die Menschheit nun die Lösung aus dieser Ausweglosigkeit gefunden: die Herrschaft der dieses System von Hierarchien Verachtenden.

155.

Sezession

Der ideale Staat ist klein und weltpolitisch unbedeutend. Alles, was den Sprung auf die Bühne der Weltgeschichte schafft, ist, wie diese selbst, mit tausend Unvollkommenheiten geschlagen.

156.

Wahrheit und Lüge

Es ist paradox, von alten Wahrheiten zu sprechen. Die Wahrheit lebt und stirbt wie alles andre. Dauer haben nur Verschwörungen und Lügen.

157.

Schlagendes Argument

Wer glaubt, die Faust habe weniger Macht als die Sprache, der ist wahrlich nicht zum Redner geboren.

158.

Träger der Revolution

Wie sollte es möglich sein, einem Unsterblichen die Sterblichkeit zu erklären? Wie sollte es auch möglich sein, in ein Geschlecht von niederen Naturen Tod und Vernichtung zu pflanzen?

159.

Lob der Wissenschaft

Die zivilisatorischen Errungenschaften sind genauso wie Homers Epen geschichtliche Zufälle. Wert haben nur die ausufernden Reden darüber.

160.

Erhabenheit des Verlierers

Die bahnbrechenden Erfolge und Triumphe der Industrie haben das Siegen und Triumphieren auf gesellschaftlicher Ebene unerträglich und unmöglich gemacht. Man kann in unserer Zeit stilvoll nur mehr in der Niederlage leben.

161.

Gemeinschaften

Vor scheinbarer Eigenwilligkeit vergehen wir nachgerade in dem Wunsch nach Zugehörigkeiten. Zum Staate, zu Göttern, zu längst widerlegter Schönheit oder zu jenen die sich keiner Partei zugehörig glauben, wie die Demokraten und Pluralisten unserer Tage.

162.

Faschismus und Kommunismus

Die Demokratie befördert den Aufstieg ihrer verbrecherischen und unmenschlichen Kritiker. Allein deswegen sollte man gegen sie sein.

163.
Revolution als Stille

Auf den Marktplatz und in die Paläste stürmende Horden sind die Grabträger jeder Revolution. Der Sinn eines Umsturzes kann nicht von der Masse getragen werden, in jenem Augenblick ist sie selbst zur bedrohlichsten Fessel geworden. Der große und erhabene Schirmherr der Französischen Revolution, ihr Vater ist nicht Robespierre, sondern Ludwig der XIV.

164.
Konservativismus

Konservativismus hat auch immer etwas von einer Koketterie mit dem Leben und Furcht vor dem Tode. Welch eine Geringschätzung des Sterbens das ist, Lebendiges für so viel wert zu erachten, dass man es zu erhalten und konservieren begehrt.

165.
Erhabenheit

Mag darunter auch sein ganzer Charakter schwinden und ins unmenschlich Bodenlose herabsinken, ein Herrscher muss, es geht nicht anders, erhaben sein.

166.
Der moderne Fortschritt

Der Fortschritt ist Dogma und Unterdrückung aller modernen Gesellschaften.

167.

Wege der Irrationalität

Gegen das Irrationale vermag die Gewalt nichts. Irrationalität ist der Kosmos, worin sich vernünftige Dinge wie Schleier in windigen Sphären ausmachen.

168.

Relativismus

Der Relativismus ist die letzte Bastion im Kampf gegen alle menschlichen Schwächen und Unzulänglichkeiten, der Relativismus in seiner radikalsten Ausprägung, der Relativismus als dunkle Negation.
Die tausend Windungen und Verschlagenheiten des Relativismus erinnern an die Hydra. Da bräuchte es wahrlich eine herkulische Logik, ihr den Schädel zu spalten.

169.

Der Wille zur Unwahrheit

Der Wille hängt am Sein wie ein Verliebter an der Geliebten, und das Sein schaut mit betrügerischen Augen nach den Gefilden des Werdens. Das ist eine Wahrheit über den Lauf der Dinge. Eine Wahrheit! Gleichwohl, unbedeutend.

170.

Aphoristisch

Der Aphorismus übersteigt die Wahrheit um Weiten, er ist der Boden, auf dem sich Wahrheit überhaupt entfalten kann.

171.

Aussichtslosigkeiten

Unendlich schwierig ist es, sich so weit von der Quelle zu entfernen, dass man nicht zurückfindet. Die Kunst sich zu verirren, beherrschen nur wenige. Die Pfade zu Aussichtslosigkeiten kennen nur die Götter.

172.

Gerechte Herrschaft

Es gibt keine Demokratie, solange nicht auch die Stimme der Toten ein Gewicht hat, erst dann wollt ich mich gut und gerne für die Herrschaft des Volkes erwärmen. Alles andere gleicht ja einem Despotat des Lebens gegen den Tod.

173.

Begegnung mit dem Selbstmord

Wenn man es überdenkt, so ist der Selbstmord die einzig mögliche Tat, welche aus jeglicher geistigen Anstrengung hervorgeht. Jedes System von Gedanken, Handlungen, Prinzipien und Haltungen muss bei logischem Überdenken zum Selbstmord führen. Wo dies nicht zutrifft, dort ist unweigerlich ein Fehler unterlaufen. Den Selbstmord verhindert einzig ein alles ergreifender Irrationalismus.

174.

Vorzüge der Demokratie

Die Demokratie eliminiert das schwächste Merkmal in der Herausbildung politischer Systeme, d.i. die menschliche

Logik. Es herrschen nun nicht mehr Vernunft und Menschlichkeit und Schönheit, sondern Abstraktion und Irrationalität.
Damit ist sie im Gegensatz zum humanistischen Sozialismus die Staatsform einer höher entwickelten Art von Menschentum.

175.

Verborgene Wahrheit

Man kann nur dem vertrauen, der das Verneinen zur einzigen geistigen Haltung gemacht hat. Wer etwas bejaht, möchte bloß verbergen, und was gibt es für eine bessere Möglichkeit zu verbergen, als etwas offenkundig zu machen, zu bejahen und wahr werden zu lassen.

176.

Die Liberalen

Der Demokrat denkt nicht daran, seinen Gegner und Widersacher zu bekämpfen. Es entrüstet ihn schon die Tatsache, einen solchen zu haben. Damit reiht sich die Demokratie in die lange Liste dogmatischer Systeme und hasserfüllter Religionen.

177.

Individuum

Alles Zusammengesetzte entbehrt einer absoluten Wirklichkeit, weshalb man ein schwankendes und sich im Wind wiegendes Blatt, welches mit einem streifenden Geräusch in den Schnee fällt und dort einen leichten

Abdruck hinterlässt, der am nächsten Tage verweht sein wird, als eine absolute Begebenheit betrachten muss, als einen einzigen Organismus, der geboren wird, lebt und wieder stirbt.

178.
Eigentlicher Wille

Widerwille ist der lebendige Ausdruck von Sinnlosigkeit, ein Festgeläute der Irrationalität. Widerwille ist der lebendige Ausdruck eines unerschütterlichen Willens.

179.
Erfahrungen

Die meisten handeln und glauben nach Erfahrung; das ist ihre ganze Weisheit. Man könnte bei einem solchen Menschenschlag sagen, dass sie in der Ausführung ihrer Notdurft noch die meiste Originalität zu entwickeln in der Lage sind.

180.
Die Kunst der Mäeutik

Ein Zwiegespräch, das ist der erste Schritt, die Ratlosigkeit zu festigen.

181.
Ennui und Spleen

Die meisten verstehen sich selbst auf die Langeweile nicht. Ihr Zustand gleicht einer immer gleichbleibenden, sich zäh dahinziehenden kleinen Freude darüber, dass sie glauben, sie wüssten, dass sie am Leben sind.

182.

Diskurse

Wer eine Debatte zu führen wünscht, ist noch weniger bereit zuzuhören als jener, der bloß monologisiert.

183.

Das Neue und der Schwachsinn

Wenn Menschen und Nationen alles gesagt haben, beginnen sie dieses bereits Gesagte zu wiederholen und wiederzukäuen. Das ist aber mitnichten der letzte, nicht einmal der niedrigste Abschnitt ihrer Existenz. Am Ende steht in beiden die Unfähigkeit, selbst zu dem, was man vorher zigfach gemacht hat, nicht in der Lage zu sein. Dann verfallen beide bis zur nahenden, vollkommenen Umnachtung in immer neuen Absurditäten und immer neuerem Schwachsinn.

184.

Freie Unwahl

Das Wesen der Freiheit besteht nicht in einer Anzahl von Möglichkeiten und Varianten und deren eigenständiger und freiwilliger Wahl, man glaube das ja nicht. Opfer seiner Beschränkungen, Opfer seiner Haltungen ist man stets. Die einsamen Wüstenväter, die sich täglich in ihren asketischen Haltungen üben, sind nicht weniger frei als ein beliebiger Abenteurer. Am Ende, was macht es auch, sich täglich in der gleichen bedeutungslosen Schau des Uhrzeigers zu ergehen? Unter Umständen kann dies sogar die einzig mögliche Freiheit sein.

185.
Herr der Zukunft

Der Mensch ist der Herr der Zukunft. Alles andere zergeht in einer ewig gleichen, unbedeutenden Gegenwart.

186.

Liturgie

Alles Wesentliche spielt sich im Verborgenen ab. Das Offenkundige ist unbedeutend.

187.
Verlangen und Hoffnung

Worauf sollte man in dieser Welt, wenn man es nun nicht unterlassen kann, auf anderes hoffen als auf Erlösung. Das einzig edle Verlangen ist jenes nach Erlösung.

188.
Göttliche Tugend

Gott ist im gleichen Atemzug, da er entschwindet, eine wundersame Eigenart, im gleichen Augenblick zu sein und nicht zu sein.

189.
Alles, was entsteht, ist wert, dass es zugrunde geht

Es ist noch nichts erschaffen worden, was wert wäre, der Ewigkeit erhalten zu bleiben. Nicht einmal die Götter.

190.
Ewige Götterdämmerung

Das 19. Jahrhundert kam sich besonders spitzfindig vor, den Tod Gottes zu verkündigen und die darauffolgenden, noch spitzfindiger, dem Herrn droben damit ein für alle Mal ein Schnippchen geschlagen, ihn vom Himmel auf die Erde geholt, mithin den Menschen dadurch göttlich gemacht zu haben.

Dabei hat man jedoch ganz entschieden verkannt, dass man mit dieser leichthin getroffenen, durchaus stimmigen Aussage Gott nur weiter erhoben, im Grunde seine bedeutendste Eigenschaft ihm fälschlicherweise als Schwäche und Mangel verbucht hat.
Ja, den Menschen ist es gegeben, ihre Existenz kümmerlich zu verlängern, sie in ihrem Nachwuchs künstlich zu erweitern, der Mensch, gewiss, er war und ist unsterblich. Die Götter, sie sterben gründlich ein für alle Mal, es ist ihre bedeutendste Eigenschaft, ihr Göttlichsein selbst.
Ich glaube an tote Götter.

191.

Von den Göttern

Die Götter leben in Schlachten. Doch nicht jenen Schlachten von Sieg und Niederlage. Göttlichkeit und Göttermut, das sind unentwegte Niederlagen.

192.

Gretchenfrage

Glauben oder nicht glauben? Welch eine unbedeutende Frage.

193.

Relativ und absolut

Der Wert einer Religion ist umso bedeutender, je irrationaler oder auch gedankenloser sie zu sein vermag. Ein Anzeichen erster ungeordneter Gedanken ist der Glaube an das Absolute.

Dies bedenkend, müsste man zumindest gegen die drei großen monotheistischen Glaubenswege dies Eine einwenden: sie sind zu plausibel.

194.
Credo

Die verlassenen Wahnsinnigen und Psychopathen, die einsamen Mystiker und Wüstengänger, die dürfen wohl noch hoffen, dem Himmel nahe gekommen zu sein. Wo zwei und mehr das Selbe machen, dort gibt es kein Heil.

195.
Opfer

Es gibt Nächte, da fühle ich so viel Kraft und Bewegung in mir, so ganz aus freier Luft und wie zufällig, ich könnte in demselben Augenblicke zu tausend unerhörten Taten mich aufschwingen, könnte blitzartig aus allen Höhen herniedergehen auf ein Ziel. Doch wen oder was treffen? Welch eine Ironie! Unser ganzes Geschick und unsere ganze Kraft liegen in den Händen unserer Opfer.

196.
Wüstenväter der Moderne

Wie selig sind jene, die noch in dem überfüllten Marktplatz von einem Gefühl der Einsamkeit ergriffen sind wie sonst die Wüstenväter und verlassenen Eremiten. Je einsamer man ist, desto erhabener wird man.

197.

Vulgäre Religion

Alles Populäre ist vulgär, dies ist Schicksal und Fluch aller Religionen.

198.

Unterdrückung

Wahre Gerechtigkeit kann es nur dort geben, wo es keine Unterdrückung der Lüge durch die Wahrheit gibt. Man glaube also ja nicht jenen, die von einer Art Gerechtigkeit im Himmelreich sprechen.

199.

Wege zum Heil

Man mache alle Tage etwas Außerordentliches, einen Schritt in die falsche Richtung, es wird sich darob einmal noch ein Himmelspfad auftun.

200.

Angst vor dem Tode

Eine Dummheit hört auf, eine Dummheit zu sein, wenn jemand für sie stirbt. Der Tod heiligt alles, weil er selbst geheiligt ist. Keine Furcht davor zu haben, das ist die allergrößte Sünde.

201.

Leid und Kraft

Mir träumte von einem stummen Kind, das sich selbst nicht kennt, das mit Tod und Zeit wie mit leichten Bällen

spielt, das Schlaf und Wachen wie in Träumen nur erahnt.
Dieses ganze Leiden ist der leichte Kopfschmerz sonniger Nachmittagsstunden, welcher mehr Lust bereitet als Weh. Warum nur gibt es in unserer Zeit so viel Bestrebung, das Leid zu verringern und zu tilgen? Ich glaube an die Schönheit, an die Notwendigkeit des Leidens.

202.
Negative Philosophie

Ich glaube an eine Welt des Verborgenen. Ich glaube an eine Welt, in welcher der Mensch nur in trüben Träumen ahnt, was hundert Meter von seiner Stätte sich befindet; an eine Welt, worin die lispelnd furchtsamen Seufzer eines betenden Kindes in einer hinfälligen Hütte mehr sind als der Wunsch, ihm helfen zu wollen, das Wissen darum und dieser Satz darüber.

203.
Credo der Stagnation

Meine Vorfahren waren in mancherlei Hinsicht unfortschrittlicher und weniger auf ihr Vorankommen bedacht als andere. Welch eine wunderbare Eigenschaft und welch ein profundes Wissen um die Heilsmacht der Stagnation.

204.
Religiöses Feuer

Jedes religiöse Feuer speist sich aus einer großen Panik vor dem Zufall. Sie ist das Grundelement eines jeglichen metaphysischen Eifers. Wahres und großes Menschentum ist aber eines der Kälte.

205.
Gottesfurcht

Der Glaube an das Individuum, der Glaube an den Menschen ist immer Glaube an einen Anderen. Gott ist so persönlich, dass es keinen Unterschied macht, ob man an ihn glaubt, an sich selbst glaubt, überhaupt nicht glaubt.

206.
Ordnung und Hierarchie

Man mache sich keine Illusionen darüber, dass die Hierarchie die Gleichheit unter den Menschen auch nur ansatzweise aufbricht. Die Hierarchie macht alles und jeden zum Sklaven ihrer Ordnung. Im Rahmen dieser Ordnung sind und bleiben alle gleich, wie sie es vorher gewesen sind und wie sie es immer bleiben werden. Wahre und selig schöne Ungleichheit vermögen nur die Götter zu errichten.

207.
Liturgie

Der Wert einer Religion zeitigt sich in ihren Prozessionen, in ihren Ritualen, sie sind die Bühne, darauf sie sich abspielt, ihr Wesen, ihre Existenz. Das Missionarische, die Barmherzigkeit, die Schriften, ja selbst ihre Begründer, das sind nur die Abfallprodukte der Liturgie.

208.

Am Kreuze

Die Art und Weise des Betens sagt viel über die entsprechende Religion aus. Ich wünschte, es wäre von den Kirchenvätern eingeführt worden, stets und unabdingbar am Kreuz zu beten.

209.

Kampf zwischen Göttern und Menschen

Die Menschheit muss sich noch einmal auf ihre Unterschiede besinnen, dass aus ihr wieder ein höheres Leben entwachse, sonst werden noch die Götter ihren Platz einnehmen.

210.

Heiliges Vergessen

Eine wahre Seligkeit liegt im Vergessen. Wer nicht an die Götter glaubt, in dem Augenblicke endlich würde er es gewahr, da er um sie vergessen.

211.

Morgenstunde

Wäre der Mensch zur Revolte nicht geboren, so würde es ihm kaum gelingen, am Morgen aufzustehen. Das Morgenerwachen ist in jeglicher Hinsicht eine Revolte: gegen den Schlaf, gegen die Müdigkeit, gegen den eigenen Körper.

212.

Ursprung des Todes

Der Tod? Nichts weiter als Wiedergutmachung Gottes für die verfehlte Schöpfung.

213.

Eigentliche Philanthropie

Wie kindisch und ungerechtfertigt jene ausufernde Philanthropie, den Menschen als Krone der Schöpfung zu betrachten. Die Schöpfung ist die Krone des Menschen, das ließe ich mir noch am ehesten gefallen.

214.

Nichts Neues

Unerschütterlicher Glaube an die Schönheit der Mode. Unerschütterlicher Glaube daran, dass dies ein Irrglaube ist. Unerschütterlicher Glaube an alle Irrglauben.

215.

Augenblicke des Betens

Wehe dem, der nicht betet, wenn er es müsste.

216.

Macht der Gegensätze

Es gibt keinen Bejaher der nicht nach einem katastrophalen und auslöschenden Nein dürstet; es gibt keinen Gläubigen, der nicht wünscht, den eignen Gott zu stürzen.

217.

Die einfachste Wissenschaft

Man kann nicht an Dinge glauben, welche es möglich machen, nicht zu glauben. Dies ist der erste und schwerwiegendste Fehler aller Wissenschaften.

218.

Die göttliche Komödie

Man soll nicht glauben, die Hölle habe auch nur im Entferntesten etwas mit Unordnung und Chaos zu tun. Vielmehr befindet sich dort alles in einer herausragenden und bestechenden Ordnung, an die sich alle halten. Beamte verwalten als höllische Knechte die anfallenden Auflistungen der Neuankömmlinge, und jedem von ihnen wird eine Aufgabe zugeteilt, an die er sich aus freien Stücken von jetzt bis in alle Ewigkeiten widerspruchslos hält. Menschliches Chaos ist die Ordnung der Götter.

219.

Sinn und Sein

Der Grundpfeiler, der das Menschenschicksal aufrechterhält, ist die Unsterblichkeit.

220.

Ritus und Sein

Ohne dass der Mensch ritualisiert, hat er weder Wesen noch Bewusstsein noch Gott noch Tod noch auch den geringsten Hauch von Nichts und Alles.

Was zur letztendlichen Ansicht führt: der archimedische Punkt alles Menschlichen ist das Ritual.

221.
Gegen den Relativismus

Es sind Nebensächlichkeiten, welche über den geschichtlichen Erfolg entscheiden. Hätte man Voltaire gekreuzigt, verehrten ihn die Menschen heute als Messias und die Aufklärung wäre ihre Religion. Wohin sich der menschliche Geist verirrt, darüber verfügt er nicht, wie auch der Verirrte selten über seine Geschicke verfügt.

Die Kreuzigung Christi ist deshalb nicht bloß ein geschichtlicher Justizirrtum, wie manche Zeitgenossen und viele fehlgeleitete Christen zu glauben pflegen, sondern das Manifest einer ganzen Welt.

222.
Das Leben der Heiligen

Der wahrhaftige Verächter aller Metaphysik und aller Gläubigkeit, der rufe in Gedanken daran doch stets: Mea culpa, mea culpa, mea maxima culpa.

Der Metaphysik aus Überzeugung oder gar aus besseren Gründen fernstehen, das ist dumm und kindisch, denn es gibt keinen plausiblen Grund gegen den Glauben, es sei denn, eben ein pathetisch erhobener Trotz und die Gewissheit, dass man damit noch Sünde und Schuld begeht.

223.

Allgegenwart Gottes

Gott ist die erträglichste aller Lösungen und die unerträglichste aller Gegenwarten.

224.

Klassik des Christentums

Die heilige Inquisition war der letzte religiöse Rausch, die letzte gnadenvolle Geste des Christentums. Was darauf folgte, war und ist überallher sinnloses Gemetzel.

225.

Die aufgeklärte Kirche

Welch eine Verlogenheit, welch ein unrechtmäßiger Ausbruch, wenn sich die Kirche gegen die Aufklärung stellt. Dabei hat letztere ja mit dem Malleus maleficarum das Manifest der Moderne und aller Metaphysikfeindlichkeit hervorgebracht.

226.

Aus Erfahrungen nicht lernen

Aus seinen Erfahrungen lernen, ein hausgemachter Unsinn. Hätte Jesus aus seinen Erfahrungen gelernt, er wäre gewiss Jerusalem ferngeblieben.

227.

Christentum de profundis

Die Frage ist ja, ob wir Golgatha als Anfangs- oder Endpunkt der Christenheit betrachten. Im ersten Fall hätten wir es mit einem sonderlichen Totenkult zu tun. Im zweiten Fall wäre alles Folgende ein angestrengtes Aufbäumen des im Sterben begriffenen Christentums. In jeglicher Hinsicht wahr bleibt aber die Feststellung, dass Jesus auf Golgatha gekreuzigt wurde.

228.
Homozentrisches Weltbild

Der Mensch ist die Mitte des Universums. Die Erde und alle Gestirne drehen sich auf ihren Umlaufbahnen um dieses unerschütterliche Zentrum.
Selbst der Mensch macht da keine Ausnahme und dreht sich im Kreise um sich selbst.

229.
Maß aller Dinge

Jedes Ding erhält seine Existenz durch eine parasitäre Beziehung zum Menschen. Nicht einmal die Luft könnte ohne den Menschen sein, sie braucht ihn ganz unbedingt, damit sie nicht erstickt.

230.
Nihil commune

Der Nihilist soll nicht die Ansichten der Religionen als verfehlt betrachten, sondern an der Bedeutung ihres Betätigungsfeldes zweifeln.
Eine Religion, welche sich für die Armen und Bedürftigen stark macht, sie mit Tat und Lehre aus ihrer Lage zu befreien sucht und gar auf bessere Zeiten Hoffnung macht,

ist in jedem Sinne als verfehlt zu betrachten. Ein Christ etwa soll aus Mitleid nicht spenden, er soll sich aus Mitleid selber geißeln.

231.

Originalität des Christentums

Der Unterschied zwischen Himmel und Hölle ist der zwischen Originalität und Nachfolge. Danach müssten, mit Ausnahme Jesu, alle, die ihm auf eine Weise nachgefolgt sind, verdammt sein in Ewigkeit.
Das ist aber kein allzu tragischer Gedanke, denn gegen solcherlei anzukämpfen lehrt ja Jesus Christus und ist das Wesen des Christentums.

232.

Vergangene, gegenwärtige und zukünftige Religionen

Es gibt jene, für die alles Vergangene das Wesentliche ist, für die auch Gegenwart nichts anderes heißt als Verhältnis zum Vergangenen. Dann auch jene, deren Taten sich in einer ausufernden Gegenwart erstrecken, die auch sagen könnten: Vor mir existierte nichts und niemand, noch nicht einmal die Menschen früherer Jahre. Und nun auch jene, die weit mehr im Zukünftigen leben, in Plänen und Gestaltungen. Das ist wohl der größte Teil unter den Menschen, der eine solche Haltung einnimmt, denn in der Vergangenheit zu leben bedarf es einer nicht unerheblichen Courage, und für die Gegenwart sind wohl die allerwenigsten geschaffen, so geht man eben den bequemsten aller Pfade.

Bei näherer Betrachtung stellt sich auch heraus, dass die großen Religionen ebensolche Haltungen einnehmen. Etwa das auf die Vergangenheit fixierte Judentum, wo sich alles um das Gesetz, das einst überlieferte, und um den einstigen Bund dreht. Dann ferner der Buddhismus, wo in der Meditation der Zustand einer dauernden Gegenwart erreicht werden soll. Das Christentum übernimmt die dritte Rolle. Christ sein heißt der Zukunft eine wesentliche Bedeutung beimessen.

233.
Glaubensweg

Das Verhältnis zum Christentum muss wie das Christentum selbst voller Widersprüche und erhabener Paradoxien sein. An Rechtgläubigen kann Gott nichts gelegen sein, es gibt derer ohnehin zu viele.

234.
Psalm

Der Mensch ist das A und das O der Götter. Es wäre nicht verwunderlich, wenn wir einmal auf dem Olymp den Opferrauch aufsteigen sähen.

235.
Festgefahren

Die Haltungen, in denen wir uns befinden, scheinen so unzerstörbar und überwältigend, dass den meisten die Fähigkeit auch nur im Entferntesten an etwas außerhalb dessen zu denken verloren geht. Der Anblick des Diktators

tilgt jeden Gedanken an Freiheit. Das Bewusstsein scheinbarer Freiheit jeden an Gott.
Mensch sein und dogmatisieren, das ist ein und dasselbe.

236.

Provokation

Die Provokation hat weit mehr mit Gott zu tun als bloßes Beten. Die großen Heiligen und Propheten, allesamt eine Schar von gefährlichen Provokateuren.
Ein betender Heiliger! Welch ein Witz.

237.

Herr und Richter

Welch abwegiger Gedanke das ist, seinen Richter lieben, selbst den gnädigsten. Wie konnte das Christentum einem solchen Fauxpas unterliegen, einer solch verkehrten Einschätzung.

238.

Die Angst

Wenn Augustinus sagt, die Angst sei das Ergebnis einer gewissen Trennung, eines wie auch immer gearteten Abstandes vor dem Göttlichen, so erfüllt mich das mit einer bebenden Unruhe.
Unabhängig davon, was Angst ist, ich glaube an seine Notwendigkeit, an seine Unbedingtheit, an seine Heiligkeit. Wenn ich eine Philosophie begründen müsste, so wäre es eine Philosophie der Angst, eine Philosophie der Erhebung und des Heiles durch Angst.

239.

Christo und Buddha

Wer das Christentum dem Buddhismus vorzieht, der zieht auch allen Ernstes seinen Nächsten sich selbst vor.

240.

Der Gott der Vernunft

Es wird einmal noch die Zeit kommen, da werden sich die Ungläubigen Altäre bauen und gewaltige Kathedralen, darin sie ihren atheistischen Gott verehren.

241.

Ungläubigkeit der Wissenschaft

Früher oder später scheitert ja doch alle Wissenschaft am mangelnden Glauben.

242.

Vernunft des Glaubens

Es gibt nichts, was gegen das Christentum spricht, außer vielleicht die Tatsache, dass der Glaube an Christus zu naheliegend erscheint.

243.

Zufall und Glaube

Wenn mir etwas geschieht, so gebe Gott, dass es mir zufällig geschieht, denn ich ertrüge es nicht, etwas zu erleiden, was ich verdient habe.

244.
Tränen

Bitterliches Weinen ist die einzige Geste der Einvernehmlichkeit.

245.
Marionetten und Götter

Die Gottheit und die Kreatur, das sind die beiden aufgespannten Extreme des menschlichen Wesens, und beiden nähert er sich durch zweierlei an, durch die Vernunft im ersten Falle und durch den Glauben im zweiten.

246.
Wesen des Glaubens

Man darf sich keinen Illusionen hingeben, früher oder später wird eine Maschine alles das können, worin wir uns heute für einzigartig halten. Selbst die größten menschlichen Spitzfindigkeiten sind dann eine allgemeine Banalität. Eine Ausnahme ist wohl der Glaube.

Eine Maschine handelt immer so, wie sie handeln will, der Mensch vermag auch gegen seinen Willen zu handeln. Das ist die geheime Kraft des Glaubens, wie mir scheint, etwas zu tun, was man nicht will und wovon man ganz überzeugt ist, dass es nichts taugt und fern aller Sinnhaftigkeit steht.

Sonderbarerweise sucht man sich heutzutage auch die Religion danach, wie einleuchtend und rational ihre Thesen sind. Das ist dann die für unsere Zeit passende Maschinenreligion.

247.

Die beste aller Religionen

Für die Religion ist nur der Möchtegern zu gebrauchen. Man muss schon mit einer unbestechlichen Hybris beschlagen sein, um zu glauben, dass die eigne Sache einen in den Himmel befördert. Wann kommt einmal einer, eine Religion der Bedeutungslosigkeit zu begründen?

248.

Aufklärung und Christentum

Was wird noch mit der Aufklärung und mit den vernunftbegabten Ungläubigen werden, wenn erst das Christentum nicht mehr ist.

249.

Götter und Herrscher

Ein Volk braucht einen Herrscher und viele Götter. Das Umgekehrte führt unweigerlich zum idealen Staat.

250.

Gottesgnadentum

Machen wir uns nichts vor, am Ende heißt es doch stets Demokrat, Wissenschaftler, Aufklärer, Atheist von Gottes Gnaden.

251.

Menschliches Glück

Die höchste Schöpfungskraft liegt im Verlust und in der Ermangelung; die höchste menschliche Glückseligkeit im

Niedergang. Dies bringt uns unwiderruflich zurück zum Kreuze.

252.

Der Glaube an die Wissenschaft

Die Wissenschaft hat durchaus etwas Heroisches und durchaus etwas von einer gewissenhaften Religiosität. Selbst dort, wo sie mit der Lüge besser vorankäme, wählt sie eine Spitzfindigkeit.

253.

Der glaubende Wissenschaftler

Wenn man auf die moderne sogenannte Religionswissenschaft blickt und will man den unzählbaren religiösen Akademikern Glauben schenken, so scheint Gott die höchste geisteswissenschaftliche Errungenschaft zu sein.

254.

Pandora

Der Tod ist der Sieg der Menschheit über die Götter, die Apotheose des Menschengeschlechts. In der Büchse der Pandora steigt als größtes Übel zuletzt im Gewand der Hoffnung die Unsterblichkeit empor.

255.

Gott und das Unbekannte

Von dem Unbekannten macht man sich stets übertriebene Vorstellungen. Dies auch der Grund, warum sich auch

Gott am Ende als verfehlt und überschätzt herausstellen wird.

256.

Menschliche und göttliche Natur

Wo eine Idee freiwillig in kollektives Handeln mündet, dort waltet die Aura des niedrigsten Menschen, dort ist er, was er zu sein imstande ist, ein Prinzip, eine Haltung, eine abstrakte Formel im weltgeschichtlichen Getriebe, gleichsam die Schraube in dieser ungestümen Maschine, unverzichtbar und doch austauschbar.
Die Götter sind die Summe ihrer Unmöglichkeiten. Sie wandeln von Zufall zu Zufall nach jenen Fernen hin, wo ewige Einsamkeit waltet, wo sie verzichtbar sind, jedoch nimmer austauschbar.

257.

Luxifer

Man kann nur hoffen, dass die Menschheit auch im Himmelreich und im Paradies prominentem Beispiel folgt und sich gegen die Despotie dauernden Glückes auflehnt.

258.

Gloria humanis

Der Glanz des Menschengeschlechts lebt auf Friedhöfen und stirbt in der Welt.

259.

Nihilismus und Glaube

Den Nihilismus zu entlarven, heißt in gleichem Maße, ihn zu befürworten. Den Nihilismus kann nur der Nihilist überwinden. Welch große Gläubige doch die Nihilisten sind.

260.

Die Götter leben in Gräbern

Übergänge und Zwischenräume, Labyrinthe – von einer allzu frühen Dämmerung in Dunkelheit gehüllt – und undurchschaubare Verliese, das sind die Räume, worin sich menschliches Schicksal abspielt, dort wandeln die unermüdlichen Menschen.

Die Götter allein vermögen im Ganzen zu handeln, ihre Welten, das sind aufblühende Frühlingswiesen, umgeben von Düften, von leise wehender Luft und eingehüllt im klaren Licht des Tages, dort liegen sie unter ihrer lichten Erde, allzeit in täglicher Erwartung des Todes.

261.

Schweigen und Glauben

Ich glaube an Menschen, die schweigen und glauben. Das Schweigen ist wesentlicher Bestandteil des Glaubens. Dies ist auch der Grund, warum sich die Heutigen darauf nicht verstehen. Sie sind der Überzeugung, ein unendlicher Wortschwall vermag die Stille darzustellen und das Reden über das Schweigen sei schon Schweigen selbst.

Welcher Frevel, welche Sünde auch in diesem einen Satz und diesem einen Werk.

262.
Das Verborgene

Das wesentliche Instrumentarium aller Liturgie ist der Vorhang. Wo dieser fehlt, dort ziemt es nicht von Kult und Kunst zu sprechen.

263.
Gut und Böse

Ich habe diese Amoralitätsapostel satt und all jene Parteigänger der unerhörten Taten, der Originalität im Bösen. Am Ende sind sie doch nichts anderes als die Apologeten ihrer Unzulänglichkeiten und ihrer Schwächen. Einmal wollte ich für jenes Jenseits von Gut und Böse sein; doch nein, gut und geboten ist es, bloß zu warten, bis diese Unlust zur Entscheidung, dieser gewaltige Überdruss vor jeder Haltung durch eine plötzlich wie von Ferne herbeiziehende Schönheit gelüftet wird.

DER KÜNSTLER UND SEIN EIGENTUM

264.

Stilvolle Pfade

In gewissen Zeiten ist Stil nicht mehr und nicht weniger als die Kunst des Verborgenseins, die Kunst, so gut wie möglich der Welt fernzubleiben.

265.
Unüberlegt

Man sollte sich auf eine grundlegende Haltung jenseits des Selbst verständigen und alles zu Rate ziehen, um sich auf eine Weise unfassbar zu machen. Ich ärgere mich maßlos über meine Worte, sie sind nur der Ausdruck meiner Unüberlegtheit, meiner Selbstüberrumpelung, meines Hineinstolperns in die Tat. Ich spreche, ich bin in der Welt, ich bin mehr als nichts, ich habe mich aus Unüberlegtheit selbst geschaffen.

266.
Erhabenheit der Angst

Einen festen Charakter haben, Entschlossenheit und Geradlinigkeit, Standfestigkeit in seinen Entscheidungen, diese Tugenden haben ihren Ursprung doch allesamt in tief empfundener Zurückweisung und Schwäche.

Im Feigling und Lügner steckt noch die höchste menschliche Kraft und Würde.

267.
Genie

An großen Naturen bewundert man nur selten Gabe und Talent, sondern ihre Fähigkeit zu sterben.

268.

Conclusio

Jedem höheren Geist wohnt eine Leidenschaft, ein unbezwingbares Verlangen, eine unendliche Lust nach dem Ende inne. Sie ist ein Charakteristikum höherer Naturen.

269.

Sterbensaugenblicke

Den Tod wählen. Wenn es dazu nicht reicht, ist man zu sehr verwurzelt.
Man kommt dem Tode näher, indem man sich wild ins Leben stürzt. Sterbensaugenblicke sind nichts für die Nacht.

270.

Die Kunst zu sterben

Zu mehr als einem stilvollen Tod kann es der größte Mensch nicht bringen.

271.

Der trotzige Schüler

Angewohnheiten, die man selbst nicht zu ändern vermag, die behalte man bei, es wird sie kein anderer je umbilden und umformen können. In die Schule gehen heißt, zu glauben, man tauge für allerhöchste Ziele.

272.
Schlafensende

Wer spricht nur von Erholung und Ruhe im Schlafe. Vielmehr ist's ein Erwachen der Unlust und Müdigkeit. Eigentlich bräuchte man ein ungeheuer elastisches und katzenartiges Rückgrat, um diese dauernden Schlafesstunden zu überstehen, diese unerhörte körperliche Höchstleistung, zu der man verurteilt ist. Wie heilfroh ist man, sich ab und an von dem Schlafe ausruhen zu können.

273.
Erste Entscheidung

Ich drohe meine Tage damit zu verschlafen, dass ich im Bett schon beginne zu grübeln, ob es besser ist, liegenzubleiben oder aufzustehen. Das ist die erste und allerwesentlichste Entscheidung, gleichsam die Frage, an der sich mein ganzes Schicksal entscheidet.

Wären nicht höhere Mächte am Werk, welche mich marionettenartig aufrichteten, mich gewaltsam und ohne mein eignes Zutun in den Tag hinauswürfen, ginge mein ganzes Leben für diese einzige Frage dahin.

Und ferner, wie wohl und lebensfreundlich das eingerichtet ist, dass der Mensch sich nicht in seiner allerersten Stunde frei entscheiden kann. Manch einer würde sich wohl für den vorigen Zustand des Nicht-geboren-Seins entschieden haben.

274.
Masse

Die meisten Menschen unterscheiden sich in den wesentlichen Dingen, in den Details sind sie identisch.

275.
Ästhetik und Anarchie

Die unumgängliche Schönheit der Anarchie hat der verstanden, dem ein Blumenstrauß mehr gilt als die Errettung tausender Notleidender und Ertrinkender.

276.
Form und Inhalt

Zuallererst müssen wir uns um die Art und Weise kümmern, sie ist unsere eigentliche Existenz. Es spielt ja keine Rolle, was man verehrt, solange man dies erhaben tut.

277.
Zwei, drei Augenblicke

Es gibt zwei, drei Augenblicke, welche in einem von tausend Menschenleben wichtig und bedeutsam sind. Der Rest ist bloße Routine. So ist denn also die Welt nichts anderes als die Anhäufung von dieser wenigen Schönheit in einem Meer voll Überdruss und Ödnis. Haltung beweist aber jener, der sein ganzes Leben in diesen zwei, drei Augenblicken wegzuleben bereit ist.

278.

Vergehen

Seine Zeit für etwas aufzuwenden heißt, damit mehr als fahrlässig umzugehen. Wahren Gebrauch von ihr macht derjenige, dem das Vergehen selbst alles ist.

279.

Der innere Zirkel

Das Einzige, womit sich ein anständiger Mensch zu beschäftigen hat, ist er selbst. Die Angelegenheiten andrer sind eine vernachlässigbare Marginalität.

280.

Heil der Nebensächlichkeit

Das erste Merkmal der Unterlegenheit ist, seine Sache für wichtig zu nehmen, damit hausieren zu gehen, sie zu verteidigen. Haltung bewahrt jener, dem alles nebensächlich ist. Ja ohnehin könnte man sagen, dass Manieren gerade davon abhängen, wie sehr man in der Lage ist, in Nebensächlichkeiten zu leben.

281.

Notwendigkeit der Götter

Die einzige Möglichkeit, Erfolge auszustehen, ist es, den Grund dafür nicht in einem selbst, sondern woanders zu suchen, sei es auch in höheren Mächten oder in Verschwörungen. Die Gewissheit, das eigene Handeln habe zum Ziele geführt, erfüllt mit solcherlei Abscheu und

Widerwillen, so als sei man dazu verdammt, Bedeutung zu haben.

282.

Das einerlei Ewige

Noch eine Stunde bleibt dir in diesem Leben? Doch was trauerst du, ist nicht noch genug Zeit, zehnmal diese Welt zu erobern, zehnmal zehn Welten zu erobern und ebenso oft zu sterben und zu leben. Drum denke darüber nicht nach und vordem, lies nicht solcherlei, dieweil hättest du einmal sterben können.

283.

Musterbeispiel

Was der einfache Ziegenhirte nicht versteht, ist zu weit entfernt von der menschlichen Natur, als dass ein anderer es verstehen sollte.

284.

Alte Schönheit

Die Gegenwart ist das Grab des Schönen.

285.

Gut und böse

Wenn ein Mensch für das Gute einsteht, so tut er dies meist aus recht gemeinen Beweggründen. Für das Böse, Schlechte und Niedrige ist man nur aus Edelmut.

286.

Bedeutung der großen Künstler

Die Kunst ist die Verschwörung weniger Gleichgesinnter gegen die Entweihung der Welt.

287.

Einzige Gabe

Ich fühl es recht, dass ich vollbringen und schaffen kann wie kein andrer zuvor. Allein, ich kann mich nicht dazu entschließen, meine Gaben zu gebrauchen, es tun ja alle nur eben dies und nichts anderes.

288.

Der Blick auf die Uhr

Allein wenn ich auf die Uhr schaue, erwacht in mir der Gedanke, dass ich existieren könnte. Oft gelingt es mir, in kleinen, unbedeutenden Arbeiten diese unliebsame Eigenschaft und wilde Obsession zu verdrängen. Im Ganzen trachte ich aber nach einer Arbeit, welche mir ein allumfassendes und ewiges Vergessen über mein Sein beschert.

289.

Lebenspläne

Ich frage mich, was ich mit mir anfangen soll. Irgendwohin gehen? Irgendetwas machen? Nichts machen? Wachen? Schlafen?

Ich treffe verschiedene Menschen und schiebe diese Gedanken für einige Zeit beiseite. Ich höre Musik und tue gleiches. Ich liege regungslos und allein am Ufer eines Sees

und schaue auf die Formen der Wolken, und wiederum Vergessen.
Im Grunde komme ich aber immer wieder zu dem gleichen unstillbaren Verlangen nach einem Gedanken, nach einer einzigen Überlegung, so als drehe sich meine ganze Welt um diesen Punkt. Es ist gleich, was du machst, wohin du gehst, ob du wachst oder schläfst. Es ist gleich, ob du danach fragst, ob du dies für unwesentlich hältst, ja selbst diese Feststellung ist unbedeutend, so geht es mir zwangsläufig und unfreiwillig durch den Kopf.
In diesem Moment, wo mir alles aus den Händen zu entgleiten droht, bin ich aber gleichzeitig am ruhigsten. Welch ein erhabenes Gefühl, vor einer Ahnung von Nichts zu stehen und der Herr eines unbedeutenden Gedankens und Augenblicks zu sein.

290.

Lob der Beschränkung

Diese ganzen Unternehmungen im Leben, diese zufälligen Begebenheiten und Ereignisse. Man steht auf, geht seinen üblichen Geschäften nach, besorgt dies und jenes und alles aus einer gewissen Kraft heraus. Da hat man, bei solcherlei großer und sinnvoller Beschäftigung ringsum und bei der überbordenden Tatenkraft der heutigen Menschen, gerade mehr Sympathie für einen, der sich vor dieser Lebenswut flüchtend, sei es auch auf die Sammlung von Insekten beschränkt.

291.

Einverleibtes Schweigen

Wenn es eine Rolle spielte was ich sage, ich würde nicht um meine Worte ringen.

292.

Erhabenheit und Individuum

Jede Eigenschaft und jede Haltung, welche auch auf einen anderen zutrifft und die auch ein anderer einnehmen könnte, sei mit Abscheu zu betrachten und abzulehnen. Mag es auch Gott oder die Unsterblichkeit sein, sobald ein andrer daran glaubt, halte man sich davon fern. Dies ist der solideste Punkt und der Beginn aller Erhabenheit.

293.

Jung, alt und ewig

Alle Unterschiede sind die abstrahierten Formen des einzigen Unterscheidungsmerkmales: jung und alt.
Größe ist, über Unterschiede und Haltungen fast erhaben zu sein.

294.

Verfall

Immer wenn ich einen Zustand tierischer Originalität erreicht zu haben glaube, frage ich mich selbst: Und jetzt?
Aus der Einfalt wird mit einem brechenden Schlag ein Gedankenorkan, der selbst über die Folge und das Setzen der Schritte beim Gehen zweifelt. Die Tatsache, dass man stürzen kann, hat etwas Tröstendes.

295.

Freiheit und Vorbestimmung

Tiefste Beschränkung oder höchste Freiheit, am Ende liegt doch ein jeder am Boden kauernd ob der Vergeblichkeit seiner Begriffe.

296.

Kunst und Leben

Je größer ein Staat, desto geringer die Bedeutung seiner Literaten. Schöne Literatur entspringt immer aus dem Geiste der Sezession. Wer seine Kräfte dem Leben und der Geschichte opfert, hat sie für die Kunst längst aufgebraucht. Denn was sind große Staaten anderes als ein krampfhaft sich mühender Lebenswille.

297.

Anstand

Selbst wenn man ihn ganz verlöre, den Anstand, ein Funke davon, es geht im Leben nicht anders, bleibt doch quälend wie ein Dorn in der Brust. Ihn ganz zu verlieren vermag nur eine Leiche oder man beginnt unvermittelt ein Kunstwerk.

298.

Leben und Kunst

Wer im Lebendigen kein Künstler ist, kann es im Fantastischen nimmer sein. Nicht also im Wort manifestiert sich die Kunst, sondern in der einverleibten Geste.

299.
Einfalt der Literatur

Das gewichtigste Problem des heutigen Literaten: Er glaubt, für ein gutes Werk sei mehr vonnöten als Stift und Papier. Dabei sind selbst diese nur zuweilen erforderlich.

300.
Belletristik

Der große Literat muss sich im Innersten über jeden seiner Erfolge grämen und sich ein allumfassendes Scheitern wünschen, damit er mit sich im Reinen bleibt. Man schreibt ja am Ende ohnehin bloß um zu scheitern und aus Sympathie für die Niederlage.

301.
Der Kritiker als Bajazzo

Kritik ist nichts weiter als ein brüllend-komischer Witz über einen Stolpernden oder das geschickte Jonglieren mit festgefahrenen Dogmen.

302.
Genie und Gabe

Alles lässt sich mit Absicht erreichen, selbst solcherlei Ominöses wie Genie und Natürlichkeit. Dass aber diese Feststellung von Bedeutung ist, das glauben freilich nur die Untalentierten.

303.

Der galante Stil

Jener ist für die Kunst unbrauchbar, der mehr Stunden im Arbeitszimmer als im Boudoir verbringt. Es ist nämlich nicht ausschlaggebend, was einer zu sagen hat, sondern die Manieren, mit dem er etwas nicht zur Rede bringt und verschweigt. So bildet man den höheren Stil also nicht vor dem leeren Blatt, sondern schweigend vor dem Spiegel.

304.

Neue Musik

Hinter der neuen Musik versteckt sich unter dem Deckmantel der Originalität etwas sehr Altes: Lärm.

305.

Der Künstler als Asket

Wo sich etwas verändert, gleich auf welche Weise und in welche Richtung, dort ist Leben und Wahrheit. Wo etwas stagniert, Tod und Schönheit.

Der wahre Künstler ist ein Athlet der Stagnation und ein Asket der Bewegung, sein Berserkertum ist die Säule der Wüstenväter, aufgestellt inmitten der Menge auf dem Marktplatz.

306.

Schlafstunden

Die Kunstwerke unsrer Tage leiden an betäubender Schlaflosigkeit. Damit wir etwa wieder Musik machen können, wird's vonnöten sein, dass einer zuvor

Jahrhunderte im tiefsten Schlummer gelegen. Dies trifft in gleichem Maße auf andere Aktivitäten zu, nur dass der Schlummer von Politik alles auslöschenden Krieg bedeutet.

307.

Dramatisches Schreiben

Schon Aristoteles wusste: die Hohen müssen fallen, die Niedrigen steigen, alles andere macht das Drama zu einem Sketch.

Wo dieses Stück zu oft zur Aufführung kommt, kann gegebenenfalls auch das Gegenteil zutreffen. So kann die einzige Devise für das Theater unserer Zeit lauten: Wir suchen so gut wie möglich die Unterschiede zwischen den Menschen darzustellen. Das Theater braucht die Fähigkeit, Menschen zu entzweien.

308.

Die Arbeit des Schriftstellers

Der große Schriftsteller muss sich auf das Nichtstun verstehen, es ist der überwiegende Teil seiner Arbeit. Der Rest ist bloße Routine. Die meisten scheitern auch an diesem Ersten und keineswegs am Talent. So rate man jungen Menschen, die den Weg des Dichters zu wählen begehren: sie sollen zunächst apathischer werden.

309.
Literatur als Totenbeschwörung

Ungetrübtes Ansinnen des Schriftstellers muss es sein, für die Toten zu schreiben, sich zu fragen, was ihnen wohl gefallen, was sie interessiert und begeistert hätte. Der große Schriftsteller sei auch immer ein großer Totenbeschwörer.

310.
Der Fall Wagner

Die musikalische Romantik war in jeder Hinsicht eine verfeinerte und bis in die unterschwelligen Nuancen ausgeklügelte Klassik. Eine Musik, geschaffen von herausragenden Genies.
Eine solche Strömung kann nur durch wahrhaftigen Dilettantismus überwunden werden: Wagner.

311.
Der Tod und der Künstler

Wie bedeutend sich die Worte Ciorans vom Nichtsein ausmachen, nun da er wirklich nicht ist. Dieser Schelm muss darum geahnt haben, und so tut er ja, was die großen Künstler aller Zeiten getan: so schreiben, als wäre man vor Urzeiten gestorben.

312.
Der Dichter und das Mädchen

Der Dichter muss in mancherlei Hinsicht wie ein junges Mädchen sein: oberflächlich, unbedacht und geschwätzig.

Wie satt muss man da diese vermännlichten Dichterinnen unserer Tage haben.

313.

Stil im heutigen Gewand

In einer Welt der großen Leistungsfähigkeit und der brillant Leistungsfähigen ist Mittelmäßigkeit der einzig mögliche Weg des Stilvollen.

314.

Unzeitgemäße Betrachtungen

Die einzige Möglichkeit, in unserer Zeit der krampfhaft schäbigen, planmäßigen Originalität wirklich neu zu sein, ist die gnadenlose Antikisierung jeder Gebärde.

315.

Bedeutungsloses

Die äußeren Ereignisse sollen dem Künstler nichts gelten, sie sind die austauschbaren Größen im Kosmos schöner Dinge. Vermögend heißt, noch umgeben von Schwefel, Brand und Asche, das Bild weiter Landschaften zeichnen zu können, welche sich weit bis in die Morgenröte eines Frühlingstages erstrecken. Der Künstler bedarf nicht der Schönheit, sie bedarf seiner.

316.

Geschmack

Das Einzige, worum wir uns bekümmern sollten, ist unser Geschmack, der Rest ergibt sich aus diesem Ersten. Jede andere Ansicht zeugt nur von Geschmacklosigkeit.

317.

Macht der Gewöhnung

Die Kunst und das gewöhnliche Leben sind zwei miteinander kämpfende Welten. Es kann also aus dem Gewöhnlichen keine Schönheit entwachsen.

318.

Labyrinthische Literatur

Je prägnanter ein Satz, desto unbedeutender. Die Sätze und Formulierungen großer Literatur sind bis zur Unverständlichkeit labyrinthisch.

319.

Wie man etwas niederschreibt

Die Idee bereits verbindet sich im Kopf ganz bizarr, teilt und streckt sich darin, vervielfacht sich und ist ständiger Veränderung, ständigem Wandel unterworfen.
Man muss nun an einer Stelle diesen Kreislauf gewaltsam unterbrechen, hineingreifen in dieses Meer umherwirbelnder Gedankenfetzen.

320.
Klassiker

Von den Klassikern befreit man sich weder dadurch, dass man sich mit ihnen auseinandersetzt, noch dadurch, dass man sie ignoriert, sondern am gescheitesten durch einvernehmliches Schweigen.

321.
Der Schriftsteller der Bühne

Wer es sich bis zum Ende nicht ausreden konnte, Schriftsteller zu werden, der bemühe sich wenigstens darum, es nicht zu verbergen.

322.
Das Wort und die Literatur

In Wörterbüchern stehen jene Worte, welche der Schriftsteller tunlichst vermeiden muss.

323.
Des Künstlers Weltformel

Künstler sein ist nichts weiter als der Wunsch, es sein zu wollen, zu wissen, dass man will, und zu ahnen, dass man weiß, dass man will.

324.
Kunst und Künstler

Den Künstler erkennt man daran, wie geschickt er sein Haupt auf das Nachtkissen legt. Sein Werk ist das Produkt seiner Zufälligkeiten.

325.

Die Zeitgenossen

Der Niedrige ist in der Lage, selbst Zeitgenossen zu verehren, es ist sein Eingeständnis, dass er bedeutungslos ist.

326.

Nosce te ipsum

Nichts Schädlicheres für den Dichter, als sein Publikum und seine Zeit zu kennen, geschweige denn sich selbst.

327.

Das große Kunstwerk

Gliche das Leben einem weiten Meere, wie man nicht selten hört, so wäre die Kunst nichts weiter als die bei ruhiger See sich darin spiegelnden Wolken, von einem Kinde betrachtet.

328.

Der vulkanische Schreiber

Ein gelungenes Werk ist die Abfolge innerer Explosionen: Enttäuschungen, Zweifel, Neid, Begehren, Schmerzen, Widerwille, Unlust, Einsamkeit und der Wille, dieses Geschwader an schlechten Eigenschaften ausmerzen zu wollen, in einer einzigen Geste.

329.

Unsinn einer erfundenen Schönheit

Der Grund für die Entstehung eines Kunstwerks muss ein nebensächlicher sein und darf mit diesem selbst nichts gemein haben. Wo Absicht und Inhalt zusammentreffen, dort sprechen wir von Erfindungen und nicht mehr von Kunst.

330.
Verborgenes und Langwieriges

Wer sich auf die Langeweile nicht versteht, hat in der Kunst nichts verloren. Sie ist die Conditio humana jedes schönen Dinges. Man erkenne den Künstler daran, wie enerviert er zu schauen in der Lage ist.

331.
Ziel der Kunst

Wo erstrecken sich jene Gefilde, darin die Kunst beheimatet ist, und wo ist die Quelle des drunten breit und gewaltig sich ergießenden Stromes? Man frage nicht solcherlei. Was muss der gegen Meeresgewalten kämpfende Schiffer von dem Ursprung der Meere wissen?

332.
Des Künstlers Beruf

Der wahre Künstler hat sich nicht um die Größe seines Werks zu bekümmern, darüber bestimmen höhere Mächte. Seine Hauptaufgabe besteht darin, sich zu gedulden, bis seine Zeitgenossen verschwinden.

333.

Mozart als Eroberer

Was Mozart in einem Satz vermochte, dass hätten die großen Feldherren der letzten Jahrhunderte gemeinsam nicht vollbracht.

334.

Musik, Stille und Chaos

Die Musik ist die erhabenste Form der Meditation, wie oft hat man dies nicht schon gehört. Es ist ja so, dass Lärm die wahre Stille ist und Stille nichts anderes als ohrenbetäubendes Chaos.

335.

Arbeit des Schriftstellers

Ein Schriftsteller, der Bücher bloß für sich schreibt und dem an Veröffentlichung und Ruhm nichts gelegen, muss ganz zwingend ein schäbiger sein, denn Bücherschreiben, diese Arbeit ist so leidig, grässlich und abscheulich, dass darin noch die schönste Umschreibung aus Gift und Galle gewonnen wurde, und Gift und Galle für sich selbst in Kauf zu nehmen und ohne die Hoffnung auf Lorbeeren, das vermag doch der größte Narziss nicht.

336.

Poeta doctus

Der philosophierende Schriftsteller kommt über früher oder später nicht an der Frage vorbei, warum er wohl schreibt und zu welchem Ziele ihn sein Schreiben führe.

Es ist nachgerade so, als sei dies die Strafe dafür, dass er sich mit der Philosophie auch nur beschäftigt.

337.
Achtsamkeit

Man hüte sich in der Kunst vor zu starken Empfindungen, sie sind die Vorläufer des Dilettantismus. Vor dem Übrigen hüte man sich auch, wie man am Ende auch sagen muss, dass der Künstler sich vor allen erdenklichen Dingen zu hüten hat. Ist nicht gar jedes Künstlertum ein dauerndes Auf-der-Hut-Sein?

338.
Gedichte als Trümmer

Das Metrum ist die tragende Säule des Gedichts. Darauf sich nicht verstehen, heißt jegliches Vorankommen zur großen Poesie versäumen.

339.
Hymnus

Der Ursprung jeder dichterischen Äußerung ist der Hymnus, so muss auch das leichte, leise Lied ein hymnisches Feuer in sich bergen.

340.
Gleichklang

Der Reim ist die höhere Harmonie und die strenge Notwendigkeit aller Poesie. Wo sich zwei Worte im Gleichklang vereinigen, walten himmlische Mächte.

341.

Das goldene Ideal

Jede Dichtung dreht sich um eine golden verhüllte Mitte. Veränderung und Erweiterung der Mitte heißt in gleichem Maße Entfernung vom Ideal.

342.

Poesie und Eindruck

Die Seele eines Gedichts ist dessen Eindruck. Ein Gewitterabend, ein Sommernachtgestade, eine Frühlingswiese.

343.

Schmerzensliteratur

Schwer und schmerzvoll verlief dieser Tag, und so fühle ich während des Schreibens noch einen zerrenden Schmerz in der Brust.

Ich frage mich, was dies alles bedeutet. Das muss mit dem Schreiben selbst zu tun haben. Die Literatur ist eine schmerzhafte Angelegenheit.

344.

Vergessene Schönheit

Etwas, das nicht in Vergessenheit gerät, kann unmöglich schön sein. Die Schönheit und das Vergessen, das sind zwei Seiten der gleichen Medaille.

345.
Das Leben und das Gedicht

Worte, die im Lebendigen Unschönes meinen, werden im Gedicht zur Hässlichkeit. Sie sind zu vermeiden.

346.
Stille Dichtung

Die Stille ist Element der Poesie wie das Wort.

347.
Neu und originell

Welch ein gemachter Unsinn, zu glauben, Neues und Ungesagtes, Originelles und Einfallsreiches habe mehr Wert als irgendein Allgemeinplatz. Beizeiten sind letztere der einzig mögliche Weg des Erhabenen und der Schönheit.

348.
Musik und Sein

Ich bin ganz davon überzeugt, dass neben Sein und Nichtsein, der Musik ein ebenso wichtiger Stellenwert zukommt.

349.
Die jungen Schriftsteller

Worum hat sich ein junger Schriftsteller zuallererst zu bekümmern? Um eine Gegenposition. Nun, wie kommt es dann, dass wir in unserer Zeit der dauernden

Gegenhaltungen nicht gleichzeitig auch eine Epoche der unzähligen jungen Dichter haben? Das ist es ja!

350.

Mozart und Jupiter

Was hat Mozart schon mit der Musik zu tun? Beethoven ist ein musikalisches Genie, gewiss. Mozart gleicht weit mehr dem Donner, welcher so viel mehr ist als Licht und Geräusch.

351.

Fremde Welten

Ich wünschte, ein andrer hätte meine Romane geschrieben, damit ich als Unbeteiligter in diesen Welten leben könnte. So bin ich nur in ihnen drin.

352.

Die Alten

Dass die Antiken uns noch etwas zu sagen hätten, behaupten nur die Ahnungslosen und die Untalentierten. Jene, um fremdes Unwissen zu verschleiern, diese, um eignes Unvermögen aufzudecken.

353.

Zentrum des Schaffens

Wer Widerstände spürt, ist für die Kunst nicht zu gebrauchen. Kunst ist immer Widerstandslosigkeit.

354.

Weisung für Kunstbeflissene

Es ist leicht, die Klassiker hochzuschätzen; noch leichter die Modernen. Der gehobene und lebendige Geschmack neigt nach dem Obsoleten, nach jenem Bereich, wo das Allermeiste brach und verlassen daliegt.

355.

Genius der Literatur

Ich schreibe um mich einer bestimmten Macht anzunähern, jedoch ganz in der Gewissheit, dass ich mich damit nur mehr davon entferne. Das ist das Paradoxe aller Schriftstellerei und aller Philosophie. Der geborene Literat, das Genie der Literatur, schreibt nicht, sowie der Philosoph nicht philosophiert; alle beide sagen, was zu sagen ist, in einem wie auch immer gearteten Negativ von Vokabeln.

356.

Zeit der Kunst

Gedanken lassen sich wie alles andere zwingen. Ich bin davon überzeugt, dass es bei gegebenem Talent ganz und gar möglich ist, innerhalb eines Monats ein ganzes Lebenswerk von Romanen auf die Beine zu bringen. Es gibt keine Antriebsfeder, welche uns die Kunst und das Kunstwerk ermöglicht. Nur eine vielleicht, welche uns daran zu hindern versucht.

357.

Das Überraschende

Hätte die Unwahrscheinlichkeit irgendeine Bedeutung, müssten wir Paganini höher schätzen als Bach.

358.

Schweig Gedanke! Seele bete!

Was ist die Kunst anderes als der Versuch, nicht mit der Seele, sondern mit den Gedanken zu beten.

359.

Der schweigende Dichter

Danach trachten, jenen Bereich kenntlich zu machen, wo es nichts zu sagen gibt und nichts gesagt wird. Der gute Schriftsteller schreibt mit der Stille. Was das Publikum hernach liest, hat mit ihm und seinem Werke nichts zu schaffen, das ist ein Bereich, über den wir im besten Falle nicht sprechen sollten.

360.

Rhythmus

Der Rhythmus ist in allen Kunstformen, sogar in der Musik, das Allerwichtigste.

361.

Wesen der Literatur

Ein literarisches Werk sollte nichts über die Zeit, in der es geschrieben wurde, sagen, wenig von dem Thema, welches es behandelt, und alles über den Schriftsteller, der es erschaffen.

362.

Genius und Ennui

Die Antriebsfeder aller großen Werke der Geschichte ist nicht das Talent, wie einige glauben mögen, sondern tief empfundene und pathetische Langeweile. Es gibt nur das Genie der Langeweile.

363.

Der wissenschaftliche Genius

Der Biograf glaubt, seine selbstlose Beschäftigung mit dem Dichter mache ihn selber zu einem. Einbildung und Fantasie sind ja der höhere Sinn aller Wissenschaft.

364.

Wesen der Schönheit

Das Schöne missfällt dem Gewöhnlichen, erstaunt den Gebildeten und verwirrt den Künstler.

365.

Wie schreibt man keinen Roman?

Aufrichtig heiße ich den Schriftsteller, der in diesem modernden Sumpf von gelungenen Romanen alle seine Kraft dazu aufwendet, den seinen gründlich zu vernichten.

366.
Schauend

Ein gewaltiges Werk offenbart sich von selbst. In dem Verbunde Werk und Betrachtender tut das Werk alles und der Betrachtende wenig.

367.
Aufgaben des Künstlers

Der Künstler wende seine Kräfte dafür auf, jeglicher Theorie so gut wie möglich auszuweichen. Der Rest kommt, wenn's den Göttern gefällt, von alleine.

368.
Tacet

Musik höre man so, dass man sie im Klang selbst erschaffe und überwinde, Musik will überwunden sein. Ihre Überwindung aber heiße ich Stille. In der Stille vereinigen sich noch tausend Melodien und Tonarten zu einer einzigen. Musik, die nicht beweglich macht, ist nicht still genug.

369.
Rechte Zeit für die Kunst

Große Kunst ist nur einen Wimpernschlag vor dem Tode möglich. Gerade in jenem Augenblick, wo die eine Welt zur Neige geht und die andere sich mit ihrer alles umspannenden Finsternis ausbreitet.

Fühlt man als Schaffender nicht in jeder Geste, jedem Klang, jedem Gedanken, in jedem Augenblick der verstreicht, den Tod nahen, ihn gleichsam an der Türe pochen, so ist's ein Zeichen für die Niedrigkeit des Geschaffenen.

Am Ende ist's erwägenswert, ob man nicht vielmehr und lieber mit der Pistole oder mit dem Dolche schreiben sollte als mit Tinte und Papier.

370.
Die Meister und die Kunst

Was schön ist, bestimmen die Meister. Wer Meister ist, bestimmen die Götter. Wer Gott ist, bestimmen die Götter. Schönheit, die man nicht sieht, ist unsichtbar. Schönheit, die man wahrnimmt, ist Kunst.

371.
Des Künstlers Empfindungen

Man mache sich nichts vor, die Empfindungen des Künstlers haben mit seiner Kunst selbst nichts zu schaffen, es sind zwei ganz und gar unterschiedliche Welten, sich zufällig in einem Menschen vereinigend. Ihre bescheidene Aufgabe besteht darin, den Künstler für das Leben unbrauchbar zu machen, ihn zu schlagen und zurückzuwerfen, ihm ganz die Vergeblichkeit seiner Taten vor Augen zu führen, dass er sich fortan unfreiwillig und als letzte Errettung vor dem sicheren Tode in das Handwerk stürzen muss.

Manch einer, der wohl geeignet war für die Kunst wie kein anderer vor ihm, ist daran gescheitert, dass seine Gedanken und Empfindungen zu heiter waren.

372.

Innen und außen

Das Paradoxe eines Kunstwerks ist, dass die Oberfläche bedeutungsschwer sein muss und seine tiefen Abgründe ganz und gar oberflächlich.

373.

Zeitlosigkeit der Kunst

Wie unrecht man hat, zu glauben, die Kunst müsse die ewiggleichen Themen in immer neuen Gewandungen präsentieren. Das Gegenteil ist der Fall. Der Künstler behandle nur immer neue Themen in der ewig gleichbleibenden Gewandung der Schönheit.

374.

Bedingungen der Kunst

Ein Kunstwerk muss frei von jeglichen Bedingungen und Voraussetzungen sein. Selbst so etwas scheinbar Grundlegendes wie das Lesen kann nicht Bedingung der Kunst sein. Den Wert eines Romans kann somit nur der Analphabet wirklich beurteilen und den eines Gemäldes nur der Blinde.

375.

Schriftsteller und Publikum

Man kann ganz ohne Zweifel nur für diejenigen schreiben, die einen verstehen. Der Versuch, den Rest zu überzeugen, hat weit mehr mit Kriegsführung als mit Literatur gemein.

376.
Zeit und Dauer

Ich bin grundsätzlich abgeneigt, auf das Dauernde zu vertrauen. Was macht es schließlich für einen Unterschied, ob etwas einen Augenblick da ist oder Äonen. Das Leben will tiefe Ewigkeit und nicht Dauer. Dies alles ganz in der Überzeugung, dass Ewigkeit mit Dauer am allerwenigsten zu tun hat.

377.
Popularität

Ansinnen eines guten Schriftstellers muss es sein, keine Leser zu haben. Es gibt keinen *bekannten* guten Schriftsteller. Die großen Kunstwerke einer Zeit werden nicht gelesen und betrachtet, es wäre ihr Untergang als solche.

378.
Der einfache Weg des Schönen

Ziel und Weihe aller künftigen Generationen muss es sein, das einmal groß und erhaben gewesene Zeitalter zu kopieren. Die größte Gefahr droht der Menschheit durch Originalität.

379.
Zeitalter des Analphabetismus

Wie verfahren mit den abertausenden Schriften, welche täglich erscheinen, mit diesem Unrat an Worten und Sätzen? Nicht mit einer Schrift, nicht mit einer Erklärung und Weisung, sondern mit Brandschatzung und Schwert.

Ja, für die Werke unserer Zeit heißt das Gebot der Stunde: versuchen, die Schrift abzuschaffen.

380.
Zukunftsmusik

In der Musik wie in aller Kunst mag ich das Alte, das Rückwärtsgewandte und Unfortschrittliche, die endlose Wiederholung, die Wiederkehr der immergleichen Schönheit, die Eintönigkeit und den Exzess ausufernder Langsamkeit.

BILDER AUS DER ALTEN WELT

381.
Chaos und Ritual

Ordnung ist der Deckmantel des Chaos, das Ritual ein sanftes Lächeln bloß. Das Lachen eines Wahnsinnigen, ein schmaler Pfad zum Chaos. Welch ein sonderbarer Tanz muss das sein, der so beginnt.

382.

Allseitiger Untergang

Untergehende Kulturen nehmen auf ihrer Höllenfahrt alles und jeden mit, selbst auch ihre größten Errungenschaften. Es ist ihre Rache dafür, dass sie erwählt waren, etwas zu schaffen und zu sagen.

383.

Französische Revolution

Die Französische Revolution steht den sieben Tagen der Genesis in nichts nach. In beiden Fällen haben wir eine Entwicklung vom Nichtsein zum Sein. Welch eine fahrlässige, unüberlegte und für den Menschen fatale Angelegenheit in beiden Fällen.

384.

Vergangenheit und Zufall

Der Zufall ist in unserer Welt der diktatorischen Logik das einzige Land, wo noch die urtümlichen Sitten der Ahnen walten, das Land, wo noch die Schönheit der alten Welt erblüht.

385.

Der Reaktionär

Einen wirklichen Wert und wahre Bedeutung haben nur alte Dinge, das Neue ist das partout Sinnlose. Dies ist die Formel der menschlichen Natur.

386.

Hierarchie

Gleichheit ist die tragende Säule der Hölle.

387.

Menschliche Apotheose

Meine stille Hoffnung, einmal den Globus sehen, wie er sich gleich einem nass gewordenen Tiere schüttelt.

388.

Schönheit als Mangel

Sobald etwas den Weg zum Volke gefunden, ermangelt ihm auch die Schönheit. Welcher Urmensch wäre etwa auf die Idee gekommen, das Jagen als schön zu betrachten, und wer wird da sagen, die Literatur habe heutzutage auch nur den geringsten Wert bei diesen massenhaften Publikationen.

Erhabenheit und Schönheit, das ist immer die Angelegenheit einiger weniger.

389.

Tiefe Verbeugung

Unsere Zeit leidet an schwerer Starrheit, an einer chronischen Rigidität. Ich glaube an die Verbeugung als das entscheidende und maßgebliche Merkmal einer Zivilisation.

390.

Vorgehensweise

Man sollte darauf achten, gerade dann an einer Sache zu arbeiten, wenn man sich am niedergeschlagensten fühlt und am wenigsten in der Lage sieht, etwas Gelungenes zu vollbringen.
Es gibt keinen schlechteren Berater in Fragen der Höhe und Schönheit als das eigne Empfinden und den eignen Geschmack.

391.

Der Staat und das Volk

Staaten bilden sich immer erst heraus, wenn ein Volk nichts mehr zu sagen weiß, wenn seine Todesstunde geschlagen hat. Der Staat, das ist der verzweifelte Todeskampf, die Agonie einer Rasse.

392.

Zukunft der Völker

Sobald sich ein Volk im Staate vereinigt, beginnt sein unumwundener und grausamer Abstieg. Und wenn sich nicht einer findet, diesen Niedergang, sei's auch gewaltsam aufzuhalten, so vergeht und verendet es ganz.

393.

Der gewählte Herrscher

Ein gewählter Herrscher ist wie der freiwillige Sklave – eine Undenkbarkeit. Zum mindesten muss er erwählt sein.

394.

Mythos und Schauspiel

Ein Volk beginnt erst dann von sich reden zu machen, wenn seine Kräfte zur Neige gehen. Dann verlässt es sein inwendiges Leben und widmet sich der Schauspielerei und dem Gehabe. Zu keinem Zeitpunkt konnte Rom die Größe wieder erlangen, die es in jener Stunde hatte, als Romulus von den Wölfen gesäugt ward.

395.

Leben und Tod

Dass Alexander den Große und einen Maultiertreiber nach dem Tode das gleiche Schicksal ereilt hat, beweist zweifelsfrei die Ungerechtigkeit des Todes.

Umso klarer findet sich hierin aber auch die Gerechtigkeit des Lebens widergespiegelt. So wäre der Unterschied von Leben und Tod auf einen Punkt gebracht, nicht mehr als der zwischen Gerechtigkeit und Ungerechtigkeit.

396.

Schönheit der Völker

So kann man denn auch den Wert der Völker nicht daran ersehen, welche Größe sie in der Lage sind hervorzubringen, sondern daran, wie arg ihre schauerlichste Stunde ist.

397.

Le Français

Hätte die französische Nation als Geschichte nur das Jahr 1789 aufzuweisen, so käme das an Bedeutung fast schon der Geschichte aller andren europäischen Staaten gleich. Ja, Frankreich ist das beste Beispiel von der Verwerflichkeit der Popularität.

398.

Abschied

Der Untergang der Schönheit droht dann, wenn der Abschied das Mystische verliert und zur schnöden Trennung wird. Im Abschied vollzieht sich die Schöpfung einer neuen Welt.

399.

Zeit der Unsterblichkeit

Hätte der Mensch auch nur einen Augenblick bis ihn der Tod ereilte, es reichte noch immer für seine Unsterblichkeit, denn ob etwas dauert oder nicht, darüber verfügt der wankende Zeiger am allerwenigsten.

400.

Hort der Schönheit

Manchmal spiegeln sich die Glasgebäude in den kleinen Regenpfützen auf den Straßen. Wasser und Gebäude gehen dann eine unzertrennliche Verbindung ein. Aus zwei für sich genommen hässlichen Dingen entsteht dann in dem Neuen das Schöne.

401.

Die Seele der Schönheit

Das Wesen aller Dinge mündet und kulminiert in ihrer Schönheit. Je unschöner dabei ein Ding, desto seelenloser. Doch führte nur einmal ein Pfad zu einer seelenlosen Schönheit!

402.

Gewänder

In einem schönen Gewand hat das Leben selbst etwas Heiteres und Erträgliches.

403.

Kunst und Knechtschaft

Als Leibeigener baute der Mensch Kathedralen, in Freiheit bloß erbärmliche Hütten. Das Schöne beginnt und endet mit Fesseln und Knechtschaft.

404.

Vergangenes

Jede Lebensform steuert früher oder später einer Verfeinerung und Sensibilisierung entgegen. Der Baum streckt seine Wurzeln immer gewundener in die Tiefe und seine Blätter werden größer und detailreicher, das Raubtier entwickelt immer mehr Eigenarten des Fangens und Jagens, bis es sich darin selbst verfängt.
Der Mensch allein vermag sich rückwärts zu entwickeln. Es ist sein gewaltigster und erhabenster Teil.

405.

Menschliche Größe

Das ist nicht mehr und nicht weniger als die Schönheit, die einmal unter seinen Händen wie zufällig entstanden ist, sich einzuprägen und nimmer zu vergessen.
Die niedrigen Stunden der Menschheit sind Augenblicke des Vergessens, des Sich-selbst-Vergessens und ferner des Vergessens jener Augenblicke, die noch in Pracht und Größe standen.

406.

Aktualität

Das erste und allgemeine Indiz für die Bedeutungslosigkeit einer Sache.

407.
Teleologie

Der Glaube, man sei am Ende der Geschichte angelangt, ist sinnvoll und richtig. Was noch in den Anfangsschuhen steckt, ist selten gut. Allein es dürfen manche Zeitalter mehr von dieser gewichtigen Feststellung Gebrauch machen als andere. Man könnte am Ende sagen, je mehr eine Epoche von ihrer Endgültigkeit überzeugt ist, desto größer ihre Errungenschaften. Sollten wir einmal an das absolute Ende der Zeiten kommen, nicht auszumalen, wozu die Menschen dann im Stande sein werden.

408.
Die Schleier der Maja

Vielen erscheint als wiederholten sich dieselben Bilder und Ereignisse, als habe man im gleichen Augenblick, in der gleichen Situation gestern, vorgestern oder vor einer Ewigkeit gestanden. Bei aller Verwirrtheit ist es dann doch immer dieses eine Gefühl, bei dem man ruhig verweilen sollte: Das Ewige!? Ja und?

409.
Die moderne Stadt

Die Hässlichkeit der modernen Städte rührt von jenen Dingen her, von denen wir meinen, sie würden sie verschönern. Die Lichter, die Ordnung, die Gebäude, die vielen Menschen.

410.
Große Fahrt

Von einer Reise kann man in dieser Zeit nur sprechen, wenn man das Sonnensystem verlässt.
Die modernen Fortbewegungsmittel haben mitnichten das Reisen erleichtert, sie haben weit mehr dafür gesorgt, dass es so etwas wie Reisen überhaupt nicht mehr gibt. Noch keinen Menschen getroffen, der im Zeitalter der permanenten Ortswechsel wirklich gereist wäre.

411.
De Sadsche Grausamkeit

Das Grausamste vermochte de Sade nicht zu erdenken und noch weniger darzustellen: den einvernehmlichen Geschlechtsakt in unseren Tagen.

412.
Promenade

Ein letzter Rundgang zu zweien ist wie das unaufhaltsame Wandeln von Ewigkeit zu Ewigkeit. Das Paradies? Nichts weiter als ein flüchtiger Pfad zu einem Hügel.

413.
Das schöne Gehen

Die erste und wichtigste Eigenschaft einer jungen Frau: Sie muss das schöne Gehen beherrschen. Das Wesen einer Frau erkennt man in der Art, wie sie geht.

414.
Nah und fern

Je weiter ich mich diesen ganzen Sachen nähere, desto uninteressanter werden sie. Wahre Schönheit, das ist unüberbrückbare Distanz.

415.
Wesen der Epochen

Der Wert einer Zivilisation und einer ganzen Welt ermisst sich stets im Negativ. Der Mensch ist jener Haltung am nächsten, die er in seinem Universum als hassenswert erachtet. Für die Antiken gewiss eine Art Unmusikalität. Für die Juden und Christen die Gottlosigkeit. Für den Modernen die Unmenschlichkeit.

416.
Imperium

Man kann nur erobern mit dem Tode auf den Schultern und der Vernichtung im Leibe.

417.
Gedankenwälder

Ich ging einmal etwas achtlos und in Gedanken verloren durch das finstere Dickicht eines Waldes und es war mir, da sich überallher der Nebel verteilte, als verirrte ich mich in meinen Gedanken.

418.
Nachtstunden

Es gibt auch eine Nacht der Welt. Eine Zeit, wo die Dämmerung über alle Gedanken hereinbricht und mit sich einen langen Atem von Vergessen bringt.

419.
Leben und Ritual

Die Geschichte ist das Gegenteil des Ritus, gleichsam sein Spiegelbild. Auf der einen Seite die Schwäche sich verzehrender Kräfte und auf der anderen die Ewigkeit eines sich wiederholenden Augenblicks. Im Ritual geschieht weit mehr als in tausend Jahren aufreibender Historie, das Ritual ist der Raum, darin sich geschichtliche Ereignisse erst als solche ausmachen. Wie wäre der Mensch und also seine Geschichte denkbar ohne einen ewig dauernden Augenblick?

420.
Lebendige Hierarchie

Ein ganzes Leben ist nicht mehr als eine Fußnote zur Kindheit. In einer hellen Stunde glaube ich wohl, dass die Kindheit auch nicht mehr ist als eine Fußnote zum Tode.

421.
Hort der Schönheit

Geht es um die Wahrheit, so hat das Alter immer unrecht. Wesen des Altertums, das ist eine sonderbar verfehlte, aus irgendeiner Himmelsrichtung herwehende Schönheit.

422.
Ritus und Form

Mag es auch das schlichte Gießen der Blumen sein, etwas, das rituell und ohne Unterlass vollführt wird, muss unweigerlich eine Veränderung in diesem ganzen Weltgefüge nach sich ziehen.
Das Ritual steht mitteninne, umgeben von Chaos, Ordnung, Zucht, Zufall, Vorbestimmung und allerlei weiterer solcher vagen Begriffe. Das Ritual schließt alles ein und überwindet es doch gleichzeitig. Das Ritual ist die Überwindung der Form durch die Form.

423.
Bald Nahendes

Eine Zypressenallee, deren Ende nicht zu übersehen ist und von der man glaubt, sie könnte auch bis in die Ewigkeit reichen, deren Schatten aber im Frühlingslicht zittern.

424.
Duft des Lebens

Ein Blumenstrauß, noch nicht verwelkt und doch nicht mehr in der einstigen Frische, gerade im Augenblicke des Sterbens, gerade in dem Aushauchen seines letzten Duftes.

425.
Bedeutende Sekunde

Der Augenblick, da der Schnee noch die letzten kleinen Stellen überdeckt und alles weiß wird, selbst die äußersten Baumwipfel, die doch sonst sich kaum erhellen.

426.

Urknall

Zu Lärm und Klang bedarf es so vieler Dinge, eines Planeten, einer Atmosphäre, eines Mediums, eines Ohrs, eines gewaltsamen Aufeinanderprallens verschiedener Elemente und Wogen und Wellen sind von Nöten. Menschliche Größe verlangt nach Musik. Die Geburt des Menschen war ein Hinaustreten aus der Stille. Der Mensch, das ist Lärm.

427.

Letzter Wille

In manchen ruhigen Nächten glaube ich endlich dahin gekommen zu sein, wo ich mich immer wünschte. In einem weiten, unüberschaubaren Meer von Irrungen.

428.

Weisung

Der erste Schritt in der Überwindung aller zeitgenössischen Laster kann nur darin bestehen, die Lektüre dieser Sätze zu beenden.

429.

Unerkanntes

Wenn sich meine Merksätze mit einem Mal in ihr Gegenteil verkehrten, so würde sich an ihnen und an dem vorliegenden Band nur Unwesentliches geändert haben.

430.
Ende

Jede Tragödie endet mit dem leeren Raum und der Verweisung der Welt. Kein Überlebender wird da sein, sich des Menschen zu erinnern.

***

Ledio Albani, geb. 1987 in Shkodra, hat Philosophie in Frankfurt und Wien studiert. Er lebt in Wien und Berlin.

CASTRVM VERLAG

Dieses Buch wurde auf Munken Papier in der Schriftart Poliphilus gedruckt. Herstellung: Hans Jentzsch & Co GmbH, Scheydgasse 31, 1210 Wien, Web: www.jentzsch.at, Mail: office@jentzsch.at. Gestaltung: Castrum Verlag GmbH, Matthias-Schönerer-Gasse 15/7, 1150 Wien, Web: www.castrum.at, Mail: mail@castrum.at.

WIEN
MÄRZ
MMXXI